HEYNE BÜCHER

D1931734

HEYNE RAT-GEBER

BESSER BIOLOGISCH GÄRTNERN

Gunter Steinbach

Der Blumen Garten

Originalausgabe

WILHELM HEYNE VERLAG
MÜNCHEN

HEYNE-BUCH Nr. 4695
im Wilhelm Heyne Verlag, München

Printed in Germany 1980
Umschlaggestaltung: Atelier Heinrichs & Schütz, München
Titelbild: Anthony Verlag, Starnberg
Zeichnungen: Fritz Wendler
Pflanzplan: Peter Leitzmann
Fotos: Samenzucht Ernst Benary, Hann. Münden; Rupert Haslberger, München; Willi Pilz, Lindenberg; Egon Schumacher; Fritz Ziegast, München und Gunter Steinbach, Oberreute
Reproduktionen: RMO-Druck, München
Gesamtherstellung: Friedrich Pustet, Regensburg
ISBN 3-453-41356-3

INHALT

ZUM BUCH

Mit dem Titel des Bandes ist nicht nur der Garten gemeint, den man ausschließlich mit Blumen bestellt, sondern jeder Blumenteil im Garten. Kann man sich doch kaum einen Hausgarten vorstellen, der nicht auch Blumen trüge. Wo immer man Blumen pflegt, im Vor- oder im Reihenhausgarten, im Atriumgarten oder auf dem Dachgarten, im Trog auf der Terrasse, im Wochenendgarten oder zur Auflockerung im Gemüsegarten, stellt sich vor allem die Frage: Welche Blumen will man, welche kann man ziehen?

Wer sich zum ersten Mal mit einem Garten beschäftigt, möchte auch wissen: Wie mache ich's denn? Wie muß der Boden sein, wieviel Zeit kostet mich das, zieht man sich mit der Blütenpracht nicht allerlei Ungeziefer ans Haus, welche Schädlinge müssen abgewehrt werden, was und wie ist zu düngen? In der Tat werfen auch Gartenblumen, die doch auf den ersten Blick nichts anderes als Schmuck bringen, Fragen auf. Dieses Buch will sie beantworten.

Wir begrenzen das Blumenthema auf den Garten. Die Zimmerblumen schließen wir wegen ihrer ganz anderen Pflegebedürfnisse nicht mit ein. Balkon-, Fenster- und Terrassenblumen stehen nicht nur örtlich, sondern auch mit ihren Ansprüchen etwa zwischen Haus und Garten. Was über Gartenblumen zu sagen ist, kann vielfach auch für die Pflege der Blumen am Haus angewandt werden. Aber auf die Besonderheiten der »Gefäßgärten« mit mehr als allgemeinen Ratschlägen einzugehen, erfordert Platz. Anlage und Pflege der »Blumenpracht am Haus« bleibt deshalb einem eigenen Band dieser Reihe vorbehalten.

Seit Jahrtausenden züchten die Menschen Blumen aus Wildformen. Wir haben uns an die fast unabsehbare Pracht der Kultursorten gewöhnt. Aber erleben wir hier nicht eine erstaunliche Weiterführung der Schöpfung nach Maß und Wunsch des Menschen? Bei einigen uns vertrauten Gartenblumen ist die ursprüngliche Naturform nicht mehr bekannt, verschollen oder untergegangen. Bei vielen anderen unterscheiden sich die Kulturformen kaum von der Wildform. Doch wurden die »wilden Schwestern« in unserer freien Natur oft zur schutzbedürftigen Seltenheit. Denken wir nur an das Edelweiß. Die Gartenform blüht auch im Garten der Niederung, die Wildform kann nur im Hochgebirge und mit viel Aufwand vor der Ausrottung bewahrt werden.

Viele Wildblumen lassen sich nicht im Garten nachzüchten, zum Beispiel die zum Teil auch bei uns heimischen Ragwurzarten der Orchideenfamilie. Die Formen- und Farbenwelt der Gartenblumen bildet ein Stück gezähmter, eigenständiger Natur. Ihre Blütengewächse entfalten sich prächtiger als die dem harten Daseins- und Auslesekampf unterworfenen Wildblumen, aber sie bedürfen unserer Anlage und Pflege. Ohne unsere Zuwendung verwildern die Gartenblumen, gehen ein oder pflanzen sich nicht fort.

Bedenkt man, daß jährlich eine große Zahl von Blumen-Neuzüchtungen auf den Markt kommt, wird der Sortenreichtum unserer Gartenblumen verständlich. Nur aufzuführen, was es gibt, würde den Rahmen unseres Buches weit überschreiten. Wie beim vorangegangenen Band zum Gemüsegarten wollen wir Grundlagen vermitteln, die es auch dem Anfänger möglich machen, erfolgreich zu gärtnern. Dem Gartenfreund soll eine Übersicht gegeben werden, die ihm zu richtigen Entscheidungen verhelfen kann. Vollständigkeit der Aufzählungen muß deshalb nicht unser Ziel sein.

Die Reihe »Besser biologisch gärtnern« stellt sich auch die Aufgabe, das biologische, nämlich naturgemäße Gärtnern zu erläutern und dem zugänglich zu machen, der sich bisher nicht um die Unterschiede herkömmlicher und biologischer Anbauweise kümmerte. Beim Gemüse- oder Obstgarten leuchtet es jedem ein, daß giftfreier Anbau unmittelbare Vorteile bringt. Aber beim Blumengarten? Wir wollen unsere Blumen sehen, vielleicht auch schneiden, aber nicht essen. Doch ist das Wesen des biologischen Gärtnerns keineswegs mit der Forderung nach rückstandfreiem Obst und Gemüse umrissen. Aus botanischer Sicht unterscheiden sich Gartenblumen nicht grundsätzlich, sondern nur durch den Schwerpunkt ihrer Leistung von anderen Nutzpflanzen. Die verschwenderische Blütenfülle einer Gladiole oder eines Dahlienbusches stellt auch eine erhebliche Umsatz- und Stoffbildeleistung der Pflanze dar. Viele Gartenblumen sind deshalb in ihren Nährstoff- und Standortansprüchen durchaus mit Gemüsepflanzen vergleichbar.

Auch einige fruchttragende Nutzpflanzen, wie Kürbis oder Feuerbohne, blühen auffällig, aber die Zuchtbemühungen zielen vor allem auf die verstärkte Ausbildung der Frucht oder anderer eßbarer Pflanzenteile. Bei den Gartenblumen züchtet man möglichst eindrucksvolle »Schauapparate«. Blüten sind Werbemittel, um tierische Befruchter, hauptsächlich Kerbtiere (Insekten) anzulok-

Reizvolle Blüten an Gemüsepflanzen: Feuerbohne (links) und Zucchini (rechts).

ken. Aus den natürlichen Aufgaben der Pflanze, wie Wurzelbildung, Blattentwicklung oder Fortpflanzung durch Blüten und Fruchtstände, greift der Züchter jeweils bestimmte Leistungen heraus, die er auf Kosten anderer fördert. Dabei muß die Pflanze lebensfähig, das heißt auch fortpflanzungsfähig bleiben.

Gartenblumen haben an den Stoffkreisläufen teil wie andere Nutzpflanzen auch. Ihre Lebensbedingungen können und sollten deshalb ebenso naturnah, das heißt giftlos und damit umweltfreundlich erfüllt werden, wie das bei Obst und Gemüse möglich ist. Diesem Ziel kommt bei den Blumen insofern besondere Bedeutung zu, als sie ihrer natürlichen Bestimmung nach auf Insektenbesuch angelegt sind. Auch wenn wir bei den meisten Gartenblumen keinen Samen ziehen wollen, liegt uns im Sinne des biologisch Richtigen daran, den Naturzusammenhang einer Pflanze zu wahren und zu fördern. Dazu gehört neben einem reichen Bodenleben auch die möglichst ungestörte Entfaltung des Insektenlebens. Was wäre unser Blumengarten ohne Hummeln, Bienen, Schmetterlinge, Käfer und all die anderen krabbelnden oder fliegenden Geschöpfe, die mit und von ihm leben?

Ein Gartenbuch für Blumen, das den Anfänger auch in allgemeinen Fragen zum Thema beraten will, läßt sich nicht darauf beschränken, die wichtigsten Arten und Sorten mit ihren Anbaubedingungen vorzustellen, wie es im Hauptteil unseres Bändchens geschieht. Es muß über die Einzelheiten hinaus Hilfestellung für verschiedene Pflegemaßnahmen geben.

Wer einen Garten hat und biologisch pflegt, weiß natürlich, »was eine Harke ist«. Damit auch der Unerfahrene das später Selbstverständliche nachlesen kann, erläutern wir ihm im zweiten Kapitel die für jeden Anbau nötigen Grundschritte der Gartenarbeit. In Band 1 unserer Reihe begründeten wir die biologische Bodenpflege ausführlicher.

Blumen sind Nahrung für Auge und Herz. Gerade bei Blumen können sich wie wohl nirgends sonst alle Menschen auf den so unterschiedlich verstandenen Begriff des Schönen einigen. Blumen gedeihen auch, wenn man sie wie Radieschen pflanzt. Aber man wird den Ausdrucksmöglichkeiten der verschiedenen Blumenarten besser gerecht, wenn man sie sowohl in eine räumliche oder farbliche Beziehung zu anderen Gartenpflanzen als auch zu den größeren Gliederungselementen des Gartens bringt. Dies ist nichts anderes als eine Umschreibung des anspruchsvollen Wortes Gartengestaltung.

Wir widmen diesem Zusammenhang gleich das folgende Kapitel. Doch beschränken wir uns darin auf das Gestalten mit Blumen, nämlich wie man aus Einzelpflanzen vorteilhaft wirkende Gruppen fügt, was man vom ästhetischen Gesichtspunkt aus bei der Bepflanzung eines Blumengartens oder von Teilen des Hausgartens berücksichtigen sollte.

I GARTENGESTALTUNG MIT BLUMEN

Nicht Blumen können wir gestalten, nur die räumlichen Rahmen, in denen sie wirken sollen. Wir haben es dabei mit festen und veränderlichen Voraussetzungen zu tun: Größen, Farben, Formen, Blühzeiten, Licht und Schatten, Boden und Wasser. Schon ihre Aufzählung macht deutlich, daß es eine unendliche Zahl von Möglichkeiten gibt, diese Größen miteinander in harmonische Beziehung zu bringen.

Um die Freiheit des Planens nicht zu beeinträchtigen, wollen wir statt fertiger Pflanzpläne lieber Kriterien und Anregungen zur Gestaltung mit Blumen geben. Sie helfen auch dem Anfänger, allgemein verbreitete Fehler zu vermeiden; und darauf vor allem kommt es an. Eine Gestaltung, die man wie ein Kochrezept aus einem Buch nimmt, wäre keine. Wie der Pflanzenplan eines Fachmannes aussieht, zeigen wir an einem Beispiel aus der Praxis eines Landschaftsgärtners auf der folgenden Doppelseite.

1. Größe

Ikebana, das fernöstliche Blumenstecken, lehrt uns, daß die Gestaltung mit Pflanzen noch auf der nur handgroßen Fläche eines Tischgefäßes zur Kunst geführt werden kann. Je kleiner der Raum, in dem wir Blumen zur Wirkung bringen wollen, desto sorgfältiger sollte man ihn gestalten. Die Staude im Vorgarten gilt so viel wie der Baum im Parkgarten.

Die Natur kann sich in ihren großen Räumen Veilchen unter Buchen leisten. Auf den meist bescheidenen Maßen des Hausgartens wird die größte Pflanze vielleicht ein Fliederbusch oder nur eine Sonnenblume sein können. Man muß auf kleinen Flächen sehr vorsichtig mit großen Pflanzen sein. Man schafft sich besser einige »Leitpflanzen« in Form mäßig hoher Blütenstauden oder in größeren Gärten blühender Sträucher, als einen Baum zu pflanzen, den das Grundstück zwar tragen könnte, der aber die Ausgestaltung der Grundfläche unnötig und bleibend einschränkt.

Auch eine blühende Staude kann zwei Meter hoch werden, Flä-

Pflanzenliste für einen Hausgarten

Entwurf: Peter Leitzmann, Landschaftsarchitekt BDLA,
Rehsteig 5a, 8000 München 50

Gehölze:

1 Aralia elata, Aralie, Sol., m. B., 3xv., 2–3 Grundtriebe, 200–250
2 Azalea mollis sinensis Hybr., Freilandazalee, 70–80
1 Betula verrucosa, Birke, Sol., m. B., 3stämmig, 350–400
2 Buxus arborescens, Buchsbaum, Sol., 60–80
2 Cotoneaster horizontalis, niedrige Felsmispel, Sol., m. B., 60–80
1 Cytisus beanii, gelber Zwergginster, TB, 30–40
1 Cytisus praecox, Elfenbeinginster, TB, 60–80
1 Evonymus alatus, korkiges Pfaffenhütchen, m. B., 80–100
1 Kolkwitzia amabilis, Kolkwitzia (rosa), Sol., m. B., 100–125
1 Larix leptolepis, japan. Lärche, m. B., 250–300
1 Lonicera maackii, weiße Heckenkirsche, Sol., m. B., 125–150
1 Nothofagus antarctica, Scheinbuche, m. B., 125–150
1 Populus Fremula »Erecta«, Zitterpappel – Säulenform, m. B., 200–250
1 Prunus sargentii, japan. Kirsche, Sol., m. B., 200–250
1 Prunus tenella, Zwergmandel, 60–100
1 Pyracantha cocc. »Orange Glow«, Feuerdorn, m. B., 80–100
1 Rhododendron praecox, Vorfrühlingsalpenrose, lilarosa, 60–70
1 Rhododendron williamsianum »Wega«, zartrosa, 80–90
2 Sorbus aucuparia, Vogelbeerbaum, 1 H, 1 STBu, 3xv., 16–18 STU
1 Spirea arguta, Spierstrauch, Sol., m. B., 100–125
1 Taxus baocata, Eibe, Sol., m. B., B 80–100, H 125–150
1 Taxus media »Hicksii«, Eibe, m. B., 80–100
1 Tsuga canadensis, Helmlockstanne, Sol., m. B., 125–150
1 Viburnum burckwoodii, duftender Schneeball, m. B., 80–100

Rosen:

5 Edelrose »Gloria Dei«, gelb
10 Edelrose »Queen Elizabeth«, rosa
10 Edelrose »Super Star«, rot
1 Rosa hugonis, gelbe Strauchrose
5 Rosa »F. J. Grootendorst«, rote Strauchrose
2 Kletterrose »New Dawn«, rosa

Schlinger:

1 Aristolochia durior, Pfeifenwinde, 2 Tr., TB, 80–100
1 Clematis »Jackmannii«, violett }
2 Clematis montana »Rubens«, rosa } Waldrebe, 2 Tr., TB
1 Clematis tangutica, gelb }
35 Hedera Helix, Efeu, 4–6 Tr., TB, 60–80
4 Hydrangea petiolaris, Kletterhortensie, m. B., 40–60
1 Jasminum nudiflorum, echter Jasmin, TB, 80–100
1 Lonicera heokrottii }
2 Lonicera tellmanniana } Geißblatt, TB, 80–100
3 Parthenocissus quinque folia, Wilder Wein, 5–7 Tr., TB

Obst:

1 Apfelhochstamm »Roter Boskop«
2 Rote Johannisbeere »Rote Holländer«, 8–12 Tr.
1 Schwarze Johannisbeere, 8–12 Tr.
5 Himbeere »Preußen«
50 Monatserdbeere »Rügen«

Stauden:

15 Alchemilla mollis, Frauenmantel
11 Anemone japonica »Honorine Jobert«, Herbstanemone weiß
5 Anemone japonica »Königin Charlotte«, Herbstanemone rosa
12 Aruncus sylvestris, Waldgeißbart, weiß
5 Astilbe arendsii »Brautschleier«, Astilbe weiß
5 Astilbe arendsii »Fanal«, Astilbe rot
3 Carex gravii, Morgensternsegge
4 Carex pendula, Riesensegge
5 Campanula carpatica, Karpatenglockenblume
3 Centranthus ruber »Coccineus«, Spornblume, karminrot
30 Convallaria majalis, Maiglöckchen
2 Delphinium cult., »Sommernachtstraum«, Rittersporn, blau
5 Dryopteris filix-mas, Wurmfarn
50 Epimedium pinnatum »Elegans«, Elfenblume
25 Erica carnea »Winter Beauty«, Schneeheide rosa
5 Festuca glauca, Blauschwingel
15 Geranium platypetalum, Storchschnabel, leuchtend blau
40 Hepatica nobilis, Leberblümchen
2 Iris sibirica »Caesar«, Iris, blau
15 Lavandula angustifolia »Hidcote Blue«, Lavendel
5 Luzula sylvatica »Marginata«, Hainsimse
55 Lysimachia nummularia, Pfennigkraut
1 Miscanthus sinensis »Grazillimus«, Chinaschilf
15 Omphalodes verna, Vergißmeinnicht
2 Pennisetum compressum, Lampenputzergras
10 Polygonatum multiflorum, Salomonsiegel
50 Pulmonaria saccharata, geflecktes Lungenkraut
2 Rodgersia podophylla, Schaublatt
2 Rudbeckia fulgida »Goldsturm«, Sonnenhut, gelb
15 Sedum acre, gelber Mauerpfeffer
250 Tiarella cordifolia, Schaumblüte
200 Vinca minor, Immergrün
100 Waldsteiniaterwata, Waldsteinia
1 Yucca filamentosa, Palmlilie

Blumenzwiebeln:

Gehölzunterpflanzung in den Bereichen Terrasse, Rasenmulde und Eßzimmerhöfchen – Pflanzung in Tuffs!

10 Tulipa dasystemon, schneeweiß, mehrblütig, 15 cm
10 Tulipa eichleri, rote Wildtulpe, 40 cm
10 Tulipa fosteriana »Red Emperor«, rot, 30 cm
15 einfache frühe Tulpen »Couleur Cardinal«
20 Darwin-Hybrid Tulpen »Apeldoorn«, orangescharlach
30 lilienblütige Tulpen »Captain Fryatt«, rubin-purpur
20 lilienblütige Tulpen »Golden Duchess«, goldgelb
20 lilienblütige Tulpen »White Triumphator«, weiß
5 Allium albopilosum, violetter Blumenlauch, 70 cm
15 Allium moly, Goldlauch, 20 cm
50 Jonquilla Narzissen »Trevithian«, gelb, mehrblütig
50 Narzissen, »Golden Harvest«
80 Triandrus Narzissen »Perly Queen«, zartgelb-weiß, mehrblütig
15 Iris danfordiae, gelb
15 Iris reticulata »Joyce«, blau
100 Crocus Gelbe Riesen
100 Crocus »Remembrance«, purpurblau
100 Crocus tomasianus, lavendellila Wildkrokus
100 Anemone blanda »Blue Star«
100 Eranthis hiemalis, Winterling
5 Eremurus bungei, gelbe Steppenlilie
30 Fritillaria meleagris, Schachbrettblume
150 Galanthus nivalis, Schneeglöckchen
100 Scilla sibirica, Blaustern
25 De-Graaf-Lilien

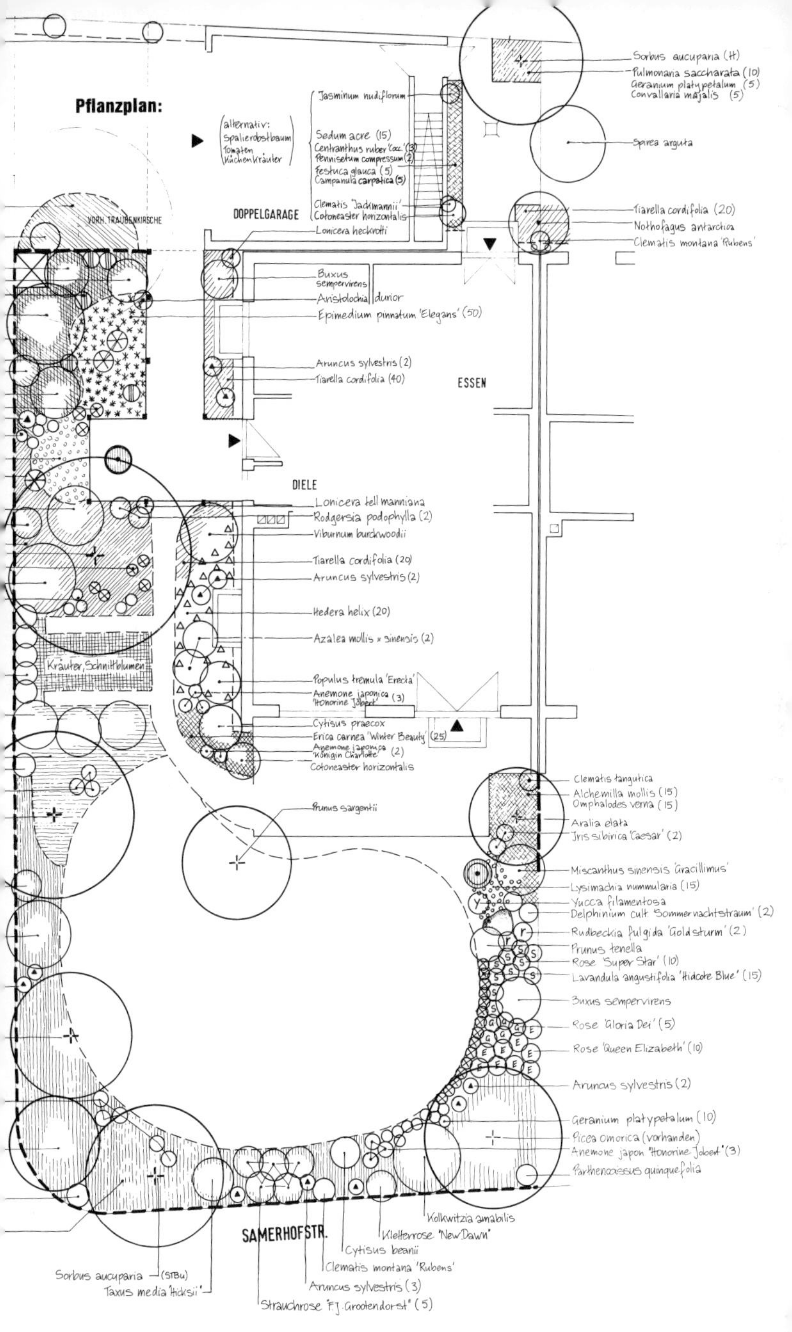
Pflanzplan:
alternativ: Spalierobstbaum Tomaten Küchenkräuter
DOPPELGARAGE
VORH. TRAUBENKIRSCHE
ESSEN
DIELE
SAMERHOFSTR.
Kräuter, Schnittblumen
Jasminum nudiflorum
Sedum acre (15)
Centranthus ruber 'Cocc.' (3)
Pennisetum compressum (2)
Festuca glauca (5)
Campanula carpatica (5)
Clematis 'Jackmannii'
Cotoneaster horizontalis
Lonicera heckrotti
Buxus sempervirens
Aristolochia durior
Epimedium pinnatum 'Elegans' (50)
Aruncus sylvestris (2)
Tiarella cordifolia (40)
Lonicera tellmanniana
Rodgersia podophylla (2)
Viburnum burkwoodii
Tiarella cordifolia (20)
Aruncus sylvestris (2)
Hedera helix (20)
Azalea mollis × sinensis (2)
Populus tremula 'Erecta'
Anemone japonica 'Honorine Jobert' (3)
Cytisus praecox
Erica carnea 'Winter Beauty' (25)
Anemone japonica 'Königin Charlotte' (2)
Cotoneaster horizontalis
Prunus sargentii
Sorbus aucuparia (H)
Pulmonaria saccharata (10)
Geranium platypetalum (5)
Convallaria majalis (5)
Spirea arguta
Tiarella cordifolia (20)
Nothofagus antarctica
Clematis montana 'Rubens'
Clematis tangutica
Alchemilla mollis (15)
Omphalodes verna (15)
Aralia elata
Iris sibirica 'Caesar' (2)
Miscanthus sinensis 'Gracillimus'
Lysimachia nummularia (15)
Yucca filamentosa
Delphinium cult. 'Sommernachtstraum' (2)
Rudbeckia fulgida 'Goldsturm' (2)
Prunus tenella
Rose 'Super Star' (10)
Lavandula angustifolia 'Hidcote Blue' (15)
Buxus sempervirens
Rose 'Gloria Dei' (5)
Rose 'Queen Elizabeth' (10)
Aruncus sylvestris (2)
Geranium platypetalum (10)
Picea omorica (vorhanden)
Anemone japon. 'Honorine Jobert' (3)
Parthenocissus quinquefolia
Kolkwitzia amabilis
Kletterrose 'New Dawn'
Cytisus beanii
Clematis montana 'Rubens'
Aruncus sylvestris (3)
Strauchrose 'F.J. Grootendorst' (5)
Sorbus aucuparia (STBu)
Taxus media 'Hicksii'

chen gliedern und beherrschen, aber sie legt keine endgültigen Maßverhältnisse fest: Die oberirdischen Teile der meisten Stauden vergehen im Spätherbst, ihre Wurzelstöcke können leicht versetzt oder ausgetauscht werden, wenn sich die Pflanzen als zu groß erweisen.

Der kleine Blumengarten wird allerdings nicht dadurch größer, daß man ihn in viele noch sehr viel kleinere, unter sich gleichwertige Teile zergliedert. Der gestaltete Garten braucht ein Gegenspiel von Vielfalt und Ruhe, also etwa von einer geschwungenen Rabatte bunter Sommerblumen, die sich um ein Rasenstück, um einen Sitzplatz, um einen Teich, um einen Teil des Nutzgartens oder um einen Busch gruppiert, ohne eine symmetrische Umrandung zu bilden.

Hat man so wenig Platz, daß Blumen nur hier und dort Farbtupfer oder Einfassungen bilden, dann sucht man den Mangel an Fläche durch Farb- und Formenvielfalt auszugleichen. Die meist lang blühenden Sommerblumen eignen sich dafür besser als Stauden, schon weil man im Kleingarten den Blumenschmuck von Jahr zu Jahr wandelbar halten will.

Je größer der Garten, desto umfangreichere Ansammlungen von Blumen einer Art verträgt er. Einfarbige Blumenbänder können im Kleingarten nicht durch andersfarbige ergänzt werden, man sollte sie deshalb der größeren Fläche vorbehalten. Dort gewinnt man mit art- und farbgleichen Blumenreihen ruhige Linien für großzügige Raumteilungen.

Auch die Größe der Blütenpflanzen will berücksichtigt werden. Sowohl beim Planen als auch bei der Bepflanzung eines neuen Gartens oder einer Flächenbestellung im Frühling beginnt man mit den größten Gewächsen. Hat man nicht nur Beete und Reihen zu füllen, sondern Flächen zu beleben, dann sollte man von diesen Leit- oder Gerüstpflanzen nicht weniger als drei vorsehen – sie können gleicher, ähnlicher oder verschiedener Art sein. Zwei von ihnen bilden keinen Raum, sondern nur eine Gerade, drei und mehr bezeichnen bei richtiger Anordnung eine Raumtiefe, die dann von kleineren Blumen gefüllt wird.

Die Regel, daß man kleine Pflanzen außen, mittlere in der Mitte und größere innen oder hinten einzuordnen habe, ist im Grundsatz richtig, weil dann die Pflanzen beste Licht- und die betrachtenden Menschen beste Sichtverhältnisse vorfinden. Aber man darf aus dieser Empfehlung nicht die strenge Regel machen, nun überall und gleichmäßig so vorzugehen. Es würde sich dann Langeweile im Blumengarten ausbreiten. Wo man solche Regeln bewußt einhält, muß man immer wieder für Unterbrechungen sorgen. Überhaupt ist das Regelmaß, die allzu lange Gerade, der geschlossene Kreis und die symmetrische Form nur sehr zurückhaltend anzuwenden. Das gilt für kleine und große Pflanzflächen oder Gärten. In sehr ausgedehnten Gärten kann man sich natürlich Vollkreise und fluchtende Strecken leisten, weil der Raum dadurch nicht unschön eingeengt wird. Im Hausgarten wirkt die betont geometrische Form gewollt und gekünstelt, ein Zuviel an deutlich herausgearbeiteten Begrenzungslinien oft putzig.

2. Farben

Welcher Gartenfreund sucht seine Blumen wirklich nach Farben aus? Erfahrungsgemäß spielen andere Gesichtspunkte eine wenigstens ebenso wichtige, wenn nicht größere Rolle. So wird jeder, der im elterlichen Garten gleichsam aufwuchs, mit vielen Blumenarten starke Kindheitserinnerungen verbinden und diese Gewächse wieder um sich haben wollen – ein verständlicher und meist erfüllbarer Wunsch. Oder im Garten von Bekannten gesehene Blüten erregen Aufmerksamkeit. Man hat dann auf dem Heimweg gewöhnlich schon einen Ableger in der Tasche oder bekommt im Herbst Samen geschenkt. Gärtner aus Neigung gönnen sich ihre Schätze gegenseitig und tauschen sie gern aus.

Man wird also selten vor der Notwendigkeit stehen, für eine leere Fläche Blumen aus dem Katalog wählen und sagen zu müssen: Wir brauchen hier noch einen starken Karmintupfer und dort als Gegengewicht einen Quadratmeter Preußischblau . . . Vielmehr hat man in der Regel schon Stauden in bestimmten Blühfarben und Wünsche nach bestimmten Blumenarten. Aber dann kommt eben doch die Qual der Wahl – die Gartengestaltung mit Blumen setzt ein. Der wohlkomponierte Blumengarten wirkt farbig, aber nicht kunterbunt. Auch wer sich diesen Grundsatz zu eigen macht, braucht nicht auf irgendwelche Blütenfarben zu verzichten. Man könnte aber folgende vier Grundregeln berücksichtigen:

a Man stellt auf Flächen oder Reihen Sommer-, zweijährige Blumen und Blütenstauden so zusammen, daß sich die Blühzeiten der einzelnen Pflanzen ergänzen. Blühendes braucht nicht unmittelbar neben gleichzeitig Blühendem zu stehen; die jeweils blühenden Pflanzen verteilen sich auf die ganze Fläche. Vom Frühling bis in den Spätherbst blühen stets einige Arten oder Sorten zur selben Zeit. Auf diese Weise erreicht man Dauer im Wechsel und den fortlaufenden Eindruck: »Es blüht gerade«. Außerdem werden so die blühenden Pflanzen stets von nur grünen umgeben – und umgekehrt. Ihre Blütenfarben kommen besser zur Geltung als wenn sie im Farbwettbewerb zu ihren unmittelbaren Nachbarn stehen. Im Hochsommer, wo sich die Blühzeiten vieler Gartenblumen treffen und überschneiden, ist geballte Blütenpracht nur natürlich.

b Oft bringen verschiedene Blüten derselben Art oder eng beieinanderstehende artgleiche Sorten – zum Beispiel die beliebten »Prachtmischungen« – verschiedene Farben auf engem Raum hervor. Man unterbricht dann vorteilhaft mit weiß blühenden Blumen. Weiß macht alle Farben frischer, lockerer, anmutiger, fröhlicher. Man denke nur an den duftigen Eindruck eines gekonnt gemalten Aquarellbildes. Die farbigen Pinselstriche stehen auf dem Weiß des Papiers und wirken gerade deshalb.

c Die genannten Prachtmischungen eignen sich für einzelne Blütenhorste und für Vorgärten, wo man Farbigkeit auf kleinstem Raum entfalten will. Im mittelgroßen und großen Garten sollten Blumengruppen auch auf Abstand wirken. Die »bunte Mischung« kommt dafür weniger in Frage als das durch viele Einzelblüten verstärkte reine Rot, Blau oder Gelb.

d Hat man die Möglichkeit, eine Blumengruppe nach Farben zusammenzustellen, so gehe man aus den angeführten Gründen sparsam mit Farbgegensätzen um. Möglich ist alles, aber betonte Blau-Gelb- oder Rot-Blau-Mischungen empfindet das Auge meist als zu stark. Feiner wirken Abstufungen verschieden heller Blau- oder, was bei der Kleidung oft danebengeht, unterschiedlicher Rottöne, von Altrosa bis Feuerrot.

Legt man eine Blumenbepflanzung so an, daß sie stets oder meist von einer Seite betrachtet wird, zum Beispiel vor einer Hauswand oder auf einer Blumenrabatte zwischen zwei Gartenwegen, dann kann man auch mit den Farben des Vorder- und Hintergrundes spielen. Mit warmen Tönen von Gelb über Braun und Orange zu Rot besetzt man die ersten Reihen, mit Violett und Blau als kälteren Farbtönen bildet man den Hintergrund beziehungsweise die Beetmitte. Man beginnt beispielsweise mit Tagetes und schließt mit Rittersporn ab. Überhaupt wird man bei gestalteter Blumenpracht eine größere Leuchtkraft hervorbringen, wenn man von Reihe zu Reihe, aber nicht so sehr innerhalb einer Reihe die Farben wechselt. Mit »Reihe« ist hier nur die Unterscheidung von Vorder-, Mittel- und Hintergrund gemeint, nicht die linealisch ausgerichtete Anreihung von Pflanzen.

Gerade bei Farben sollten solche Regeln nicht als Vorschriften, sondern als die Weitergabe von Erfahrungen verstanden werden. Sie wollen auch nicht das ganz persönliche Farbempfinden ersetzen. Der Könner ist frei.

Man gewinnt schon viel, wenn man beginnt, im eigenen Garten und in fremden Gärten auf die Wirkung der Blumenfarben zu achten. Im Hausgarten mit seiner artenreichen Bepflanzung aus Gemüsen, Kräutern, Blumen und Beerenobst, Wildsträuchern und Hecken ist die Gefahr gering, mit der Wahl der Blumen etwas geschmacklich Fragwürdiges zu tun. Man denke nur an die gleichsam unschuldige Schönheit von Bauerngärten, in denen so wenig absichtsvoll gestaltet wurde wie beim Errichten einer Alphütte aus Baumstämmen und Schindeln. Und doch offenbart sich in beiden Formen menschlichen Wirkens eine ebenso bescheidene wie sichere Könnerschaft. Ihr Geheimnis liegt darin, daß sich in beiden Werken nicht eine abstrakte, von außen herangetragene Idee, sondern das Maß des Gebrauchs ausspricht.

3. Formen

Die häufigste Gartenform ist das gleichmäßige Rechteck, das Quadrat oder das »Handtuch«. Da wir hier nicht von Gartenarchitektur, sondern von Blumenschmuck sprechen wollen, nehmen wir an, der Garten sei in seinen Teilen räumlich gegliedert. Das Rechteck des Grundstücks bildet den größten Gegensatz zu den Pflanzen- und Blütenformen selbst. Deshalb gestaltet man Gärten nicht wie Schachbretter oder übersichtliche Arbeitsplätze, sondern man versucht, dem rechten Winkel freiere Linienführungen entgegenzusetzen.

Der rechte Winkel ist das rationelle Maß, das nicht schwingt und leicht erstarrt. Viele gelungene Gärten bewahren im größten Gestaltungselement, nämlich ihrem Umriß, und im kleinsten, zum Beispiel den Trittplatten des Weges, das Rechteck oder Quadrat; es gibt dem Auge Ruhe und Anhalt. Um so freier läßt man die Raumgliederung in geschwungenen Flächenformen und gekrümmten Linien spielen.

Für die erwünschte Harmonie eines Gartens spielen auch wiederkehrende Formelemente und räumlich aufgefaßte Rhythmen eine große Rolle. Besonders ein unverhältnismäßig langes und schmales Grundstück kann durch das ineinandergreifende Anreihen gut bemessener und durch blühende Gewächse bezeichneter »Innenräume« gerettet werden.

Auch die Gartengestaltung hat ihre Geschichte. Wir kennen die streng geometrischen Elemente im französischen Garten, wo noch die Hecke dem Willen des Gärtners durch aufgezwungene Formschnitte folgt, wo freiere Wuchsformen durch ihre Anordnung das spiegelbildliche Gleichmaß erfüllen. Der englische Garten nimmt dagegen mehr Rücksicht auf die Natur. In ihm gliedern sich mit einer gewissen Gelassenheit ungezwungen gruppierte Bäume in großflächige Rasen.

Unsere heutigen, im guten Sinne bürgerlichen Hausgärten müssen mit sehr viel kleineren Flächen auskommen als die höfischen Anlagen von einst. Aber auch hier geht es immer wieder um die Vorgabe von Formen, wie die der Beete und Wege, und um das Gewährenlassen der Natur durch ihre Pflanzen. Aus diesem Gegensatz lebt die Gartengestaltung.

Allgemein gilt, daß die geometrisch strenge Gliederung eines Gartens, vorgegeben zum Beispiel durch befestigte Anlagen der Wege und Beeteinfassungen, eine lockere Bepflanzung braucht, um einen Ausgleich herbeizuführen. Stehen auf eingesäumten Rechteckbeeten auch noch die Rosen in Reih und Glied, dann erinnert ein solcher Garten an einen Erwerbsbetrieb, wo Pflanzen angeboten, besichtigt und verkauft werden. Dagegen verträgt der Gartenentwurf mit frei schwingenden Grundformen eine wenigstens örtlich strenger geordnete Bepflanzung. Hier macht man die sparsamen Gestaltungselemente durch blühende Linien erst sichtbar.

Ein guter Gartengestalter wird das Grundstück gleich welcher Form immer in verschiedene Räume gliedern, die den ernüchternden Durchblick von der Pforte bis zum hinteren Gartenzaun unterbrechen. Auch den Garten auf gerader Strecke durchschneidende Wege vermeidet man zugunsten geschwungener und gestufter Pfade, die dem wandelnden Betrachter möglichst viele unterschiedliche Eindrücke und Ausblicke vermitteln. Erst das Bepflanzen mit Blumen läßt diese Gartenteile räumlich erscheinen und erfüllt sie mit Leben. Der Blumengärtner aus Liebe spielt und gestaltet mit blütenbestickten Polstern, mit der harten Grafik von Grasgruppen, mit berankten und in Farben getauchten Wänden und Lauben, mit der üppigen Formenfülle des Sommerflors.

Die Natur setzt dem Formenspiel im Garten wohltuende Grenzen. Die üppigen, vollfleischigen, glattrandigen Blätter vieler Sumpf- und Wasserpflanzen stehen auch im Garten nicht unmittelbar mit hartblättrigen, stachelspitzigen Trockenpflanzen, schattenliebende nicht mit sonnenbedürftigen Gewächsen zusammen.

4. Blühzeiten

Im Blumengarten vereinigen wir blühende Gewächse aus vielen Ländern und Erdteilen zu gemeinsamer Pracht. Herkommen und Zucht geben den Blumen unterschiedliche Blühzeiten. Während viele Arten des sogenannten Sommerflors, also der einjährigen Blumen, mehrere Monate hintereinander in Blüte stehen, entfalten die Stauden ihre Blüten meist nur nach Wochen. Dafür können wir diese Pflanzen auch im nächsten Sommer wieder begrüßen. Zu den ersten Frühblühern zählen die zahlreichen Zwiebelgewächse, auch sie ausdauernde Pflanzen, aber ihrer Gestalt nach eher den einjährigen gleichend.

Der Blumengarten soll und kann vom Vorfrühling bis in den Spätherbst hinein geöffnete Blüten zeigen; natürlich nicht im Ganzen, aber doch mit jeweils mehreren Pflanzenarten. Man wird das nicht im ersten Jahr eines neuen Gartens erreichen, aber nach und nach doch dahin kommen, daß der Blumengarten während der warmen Jahreszeit ein immer erfreuliches Bild bietet. Dafür gibt es einfache Hilfsmittel. Man fertigt sich einen Gartenplan an, wie er für mittelgroße und große Grundstücke ohnehin erforderlich ist. Auf ein Stück kariertes Papier listet man links die Blütenpflanzen untereinander auf, gruppiert nach ihren Standorten und gegliedert in Stauden, Zwiebelpflanzen, zwei- und einjährige Blumen. Dem Namen folgen zwölf schmale Spalten für die Monate des Jahres. Wir nehmen auch die Wintermonate hinzu, weil wir selbst während der kalten Jahreszeit wenigstens im milden Klima auf Blüten nicht ganz verzichten müssen. Denken wir nur an Christrose und die frostharte Schneeheide.

Die Blühzeiten tragen wir durch einen waagerechten Strich auf. Wer sie nicht schon aus eigener Erfahrung weiß, übernimmt sie aus dem Pflanzenkatalog oder aus Gartenbüchern. In keinem Werk werden alle erreichbaren Blütenpflanzen vereinigt sein; auch unser Buch kann nur eine Auswahl bringen. Auf Wochengenauigkeit kommt man dabei nicht, da sich schon am selben Standort von Jahr zu Jahr wetterbedingte unterschiedliche Pflanzenentfaltung ergibt. Doch lassen sich mit einer solchen Übersicht Lücken des Blühens in einem Beet auch für den großen Garten mit einem Blick feststellen.

5. Licht und Schatten

Während sich der Nutzgarten nicht über dauernd beschattete Flächen erstrecken kann, gibt es viele Blumen, die im Halb- und sogar im Vollschatten gedeihen. Man findet sie vor allem unter den Stauden, weniger häufig unter den sonnenhungrigen Jahresblumen. Man wird für den Bepflanzungsplan, also auch für das Ausschmükken des Gartens mit Blumen, auf die tages- und jahreszeitlich sich ändernden Lichtverhältnisse besondere Rücksicht nehmen müssen.

Dem Anfänger mag nach all dem Gesagten die Planung gerade seines Blumengartens, die er vielleicht nicht so sehr als gärtnerisches, sondern eher künstlerisches Problem sah, überaus kompliziert erscheinen. Er irrt. Allerdings sollte er sich zugunsten einer unbefangenen Planung von der Erfolgserwartung lossagen, gleich im ersten Sommer eine Blütenpracht genießen und anderen zeigen zu können, die sich mit einem schon jahrelang gepflegten Garten vergleichen ließe. Dafür müßte entweder das neue Steckenpferd einen schon in Kultur stehenden Garten vorfinden oder der Hobbygärtner für den neuen Garten jahrelange Erfahrungen mitbringen.

Warum aber sollte man am Anfang nicht auch ein paar Fehler machen? Von den vielen unempfindlichen Sommerblumen werden die meisten ungetrübte Freude bringen. Was am falschen Platz saß, bekommt im nächsten Jahr den besseren, im dritten den richtigen. Auch Stauden lassen sich im Herbst oder im zeitigen Frühjahr unschwer versetzen.

Bezieht man ein Haus und beginnt, den dazugehörigen Garten in Pflege zu nehmen, wird man wenigstens eine Vegetationsperiode mit Gartenarbeit füllen, bis man gleichsam im Schlaf die Licht- und Schattenseiten des neuen Grundstücks kennt. Man wird dann bald die schattenliebenden Pflanzen dort haben, wo ohnehin keine anderen gedeihen. Da die meisten Blumen in unserem Klima Sonne wollen, viele Halbschatten vertragen, aber nur verhältnismäßig wenige etwa im Schlagschatten einer nördlichen Hauswand noch ihr Auskommen finden, sollte man die Einrichtung des Gartens auch so vornehmen, daß möglichst wenig neuer Schatten hinzukommt. Die mit blühenden Ranken oder von Kletterrosen beschattete Sitzecke bleibt die meiste Zeit des Jahres leer, weil man die knapp bemessenen Sonnenstunden lieber in der Sonne verbringt. Wird es zu heiß, ist schnell ein Sonnenschirm aufgespannt. Im kleineren und mittleren Garten mit vielen anderen Nutzungsmöglichkeiten sollte man deshalb keinen Schattenplatz einrichten.

Man wird es sich gut überlegen, ob man Bäume pflanzen will, die einmal groß werden. Schattenreiche Gärten sind in unseren Breiten immer auch solche mit gedämpfter Blumenpracht. Denn natürlich entfalten sich die Schattenblumen nicht ähnlich üppig und farbstark wie die sonnenbedürftigen. Blumen und Stauden, die durch ihre Größe selbst Schatten werfen, pflanzt man deshalb an die Nordränder der Beete oder Rabatten, wo sie ihren Nachbarn kein Licht nehmen.

6. Boden und Wasser

Natürlich setzt die Beschaffenheit des Gartenbodens Grenzen für das Gedeihen von Blumen. Doch kann man diese Grenzen durch anhaltende Kompostwirtschaft und, wenn nötig, ergänzendes organisches Düngen beträchtlich erweitern und schließlich aufheben. Wirkliche Problemböden wie Sand oder Ton erfordern etwas Geduld. Aber sie müssen bei biologischer Pflege keine Problemböden bleiben.

Nach dem Vorbild der Natur gibt es auch für sehr leichte und sehr schwere Böden genug Möglichkeiten des Blumenschmucks. Der Heidegarten etwa wird auf Sandböden angelegt. Sein herber Reiz paßt zur Landschaft, in der ein solcher Gartenboden vorkommt.

Auf schwierigen Böden beginnt man, wie es sich ohnehin für den Anfänger oder wenig Erfahrenen empfiehlt, mit nicht allzu vielen und nicht allzu anspruchsvollen Blumenarten. Man sucht sie zweckmäßigerweise nicht im Pflanzenkatalog, sondern hört und sieht sich in der Nachbarschaft um, wo ähnliche Böden bebaut werden. Mit Einsetzen der Bodenverbesserung durch garteneigene Komposterde erweitert sich der Kreis der Pflanzen schnell, die man erfolgreich anbauen kann. Anders als in der Landwirtschaft, wo man einen gegebenen Boden mehr oder weniger hinnehmen muß, braucht man wegen der Bodenbeschaffenheit eines Hausgartens nicht zu verzagen. Für alle Wild- und Kulturpflanzen ist der Säurezustand des Bodens wichtig. Man spricht von der Bodenreaktion, die durch eine Meßzahl, den pH-Wert (potentia hydrogenii) ausgedrückt wird. Diese technische Skala reicht von 1 (reine Säure) bis 14 (reine Base). Gute Kulturböden sollten in der Nähe des Mittelwertes 7 liegen. pH-Werte über 7 bezeichnen saure, unter 7 alkalische Böden. Die allermeisten Pflanzen gedeihen besser in mehr alkalischer, das heißt kalkreicher Erde. Nur wenige, wie der Rhododendron und Hochmoorpflanzen, brauchen saure, das heißt auch kalkarme Böden. Man kann den pH-Wert des Gartenbodens mit Kalkgaben zur alkalischen Seite, mit Torfbeimengungen zur sauren Seite hin beeinflussen. Anmoorige Böden sind von Natur aus kalkarm.

Bodenproben untersuchen für wenig Geld die landwirtschaftlichen Institute der Bundesländer. Auskunft erteilt das für einen Ort zuständige Landwirtschaftsamt. Man kann selbst feststellen, ob Gartenerde überwiegend sauer oder alkalisch ist. Dafür entnimmt man an mehreren Stellen des Gartens ein wenig Erde, durchmischt die einzelnen Bodenproben gut und verrührt das Ergebnis mit etwas Essig. Aufschäumen zeigt Kalk, also alkalischen Boden, ausbleibende Reaktion weist auf einen kalkarmen, sauren Boden hin. Geringe Kalkmengen enthält auch der saure Boden, sonst könnten auf ihm keine Pflanzen wachsen.

Einige Wildblumen geben durch ihr Gedeihen auf bestimmten Standorten Aufschluß über den Bodenzustand. So zeigt Huflattich Kalkboden (alkalisch), Heidekraut dagegen kalkarmen (sauren) Boden an. Man nennt solche kalkliebenden und kalkmeidenden Gewächse auch Zeigerpflanzen.

Wasser ist Voraussetzung jedes Gartens. Wer auf großen Flächen Zeit sparen will oder muß, verlegt, ohne tiefe Gräben ziehen zu müssen, eines der im Gartenfachhandel gängigen Pipelinesysteme und kann dann durch Flächenregner seine Beete bewässern.

Im Gemüsegarten wird das Gießen wenigstens teilweise Handarbeit bleiben. Schon weil Setzlinge mit abgestandenem Regenwasser zu tränken oder Kräuterjauchen mit der Gießkanne auszubringen sind. Auch den Gartenblumen schmeckt in der Sonne gesammeltes Regenwasser besser als die kalte Dusche aus der Leitung. Aber wenn man Mittagsgüsse an Sommertagen vermeidet, kommt man im Blumengarten mit Leitungswasser zurecht. Die Überlegung, einen Hausgarten vorwiegend mit Blumen zu gestalten und nicht mit Gemüse zu bebauen, entsteht ja oft aus der Notwendigkeit, Zeit zu sparen.

Nicht alle Gartenblumen brauchen gleichviel Wasser. Trockenliebende Pflanzen wie die des Steingartens wollen weniger Feuchtigkeit als Beetblumen. Unter ihnen gibt es erhebliche Unterschiede des Wasseranspruchs. Hier hilft dem Unerfahrenen der Rat des Gärtners, bei dem er Blumenpflanzen kauft, oder Hinweise auf den Pflegeanleitungen der Samentüten. Fehlen solche Angaben, kann man von einem normalen Wasserbedürfnis ausgehen.

Besonders trocken- und besonders feuchtigkeitsliebende Pflanzen löst man aus der übrigen Gartengesellschaft heraus und bereitet ihnen im Sumpfbeet, am oder im Teich und im Steingarten angemessene Standorte. Da man weder das durch Zufluß bewässerte Sumpf- oder Moorbeet noch das Alpinum künstlich beregnet, sollte man beim Gartenplan darauf achten, daß diese Anlagen außerhalb der von Flächenregnern bestrichenen Räume liegen.

Man prägte für die Fähigkeit, mit Pflanzen gut umzugehen, den Begriff des grünen Daumens. Wer ihn hat, bringt seine Zöglinge wie mühelos zum Wachsen und Blühen. Aber zweifelsohne erwirbt man diesen grünen Daumen auch (oder nur) bei langjährigem, ich möchte sagen liebevollem Umgang mit Pflanzen. Die Bewirtschaftung eines Gartens setzt ja ein großes Maß an Zuneigung zu seinem Pflanzenleben voraus. Diese Zuneigung scheint mir wichtiger zu sein als alle anderen Fragen, die sich dem stellen, der sich auf einen Garten einläßt. Er schließt eine Freundschaft, die Jahrzehnte währen wird.

Wer einmal Kühe betreut hat, weiß, wie feinfühlig diese angeblich plumpen Tiere auf jeden Menschen reagieren, der ihren Stall betritt, wie sie ruhig und zufrieden oder ängstlich und nervös allein durch die Gegenwart des Neuankömmlings werden. Ich glaube, daß auch die Pflanzengemeinschaft des Gartens dem, der sie pflegt, etwas entgegenbringt, gewissermaßen ein Echo seiner seelischen Einstellung. Das mag manchem zu romantisch, zu vermenschlichend klingen, aber wer selbst gut Freund mit seinem Garten ist, kann wahrscheinlich unschwer nachempfinden, was hier gemeint ist. Glaubt man einigen Veröffentlichungen der letzten Jahre zu diesem Thema, so wurde durch Versuche bewiesen, daß Pflanzen tatsächlich in physikalisch meßbarer Weise auf die Annäherung eines Menschen reagieren, daß sie den, der sie täglich betreut, gleichsam kennen, den, der ihnen Schaden zufügte, fürchten. Wie dem auch sei – im Garten wirken viele Lebewesen zusammen. Er formt sich um so eher zu einer auch sichtbaren Einheit, je mehr man den Bedürfnissen dieses Beziehungsgefüges aus Pflanzen und Tieren, aus Erde und Wasser, Luft und Licht gerecht zu werden versteht.

Der Streit, ob man Landwirtschaft und Gartenbau herkömmlich mit Mineraldüngern und Gift oder umweltfreundlich mit organischer Düngung und biologischer Bodenpflege betreiben soll, wird oft auf falscher Ebene ausgetragen. Man rechnet sich gegenseitig die Kilogrammerträge je Quadratmeter vor, Kapitaleinsatz und Arbeitszeiten. Ein solcher Zahlenvergleich hat seine Berechtigung für Produktionsstätten und Herstellungsmethoden der Industrie, aber nicht für den Umgang mit Lebewesen – denn darum handelt es sich noch immer bei den Urerzeugungen der Forst-, Land- und Gartenwirtschaft.

Nur eine biologisch ausgerichtete Anbauweise wird langfristig und weltweit wirtschaftlich, ja auf die Dauer durchführbar sein, weil sie mit weitgehend selbstgenügsamen Stoffkreisläufen auskommt. Die heute betriebene herkömmliche Landwirtschaft auf Mineraldüngergrundlage hat sich durch einen drastisch gestiegenen Energiebedarf ihrer Arbeitsweise an das kreisfremde Betriebsmittel Erdöl gefesselt. Bei einer wirklichen Ölkrise lägen unsere mitteleuropäischen Äcker größtenteils brach! Das ist einer von vielen Gesichtspunkten, auf den hier nur ein Streiflicht fallen sollte.

Abgesehen von solchen Ausblicken, die an Dringlichkeit gewinnen, wenn man sie mit Zahlen durchspielt, kommt der geistige Antrieb, biologisch ausgerichteten Pflanzenbau zu betreiben, nicht aus der Überlegung, rationeller zu produzieren, sondern aus dem von vielen Menschen tief empfundenen Bedürfnis, verantwortungsbewußt gegenüber allen unseren Mitgeschöpfen, also Menschen, Tieren und Pflanzen, zu handeln. Nicht im hier oder dort höheren Ertrag, der hierzulande ohnehin etwa als Butterberg Steuergelder frißt, sondern in verantwortbarem Tun liegt der eigentliche Beweggrund für die biologischen Wirtschaftsweisen. Deshalb stellt sich die Frage dem, der seinen Garten mit zu erwartendem guten Erfolg biologisch pflegt, gar nicht so, wie unsere Kapitelüberschrift sie aufwirft: Auch Blumen biologisch düngen?

Biologisch heißt ja gerade, den größeren Zusammenhang zu sehen. Man würde auch im Nutzgarten nicht mehr naturnah und giftfrei anbauen, wenn man die danebenliegenden Blumenbeete mit Mineraldünger ernähren und mit Pestiziden behandeln wollte.

Für eine ausführlichere Darstellung biologisch ausgerichteter Bodenpflege sei nochmals auf Band 1 dieser Reihe verwiesen. Den Garten biologisch, das heißt im Einklang mit den natürlichen Stoffkreisläufen zu bewirtschaften, schließt selbstverständlich alle Gewächse des Gartens, also auch die Blumen mit ein. Wer biologisch gärtnert, besprüht seine Rosen ebensowenig mit Gift wie seinen Blumenkohl oder seine Äpfel.

Aus dem Bestreben heraus, jedem Band unserer Reihe doch eine gewisse Selbständigkeit in der Darstellung des jeweiligen Themas zu geben, ist es angebracht, im folgenden wenigstens so viel über die Kompostwirtschaft des Hausgartens zu sagen, wie man wissen muß, um den Blumengarten ohne Nutzgartenteil mit ausreichendem Dünger aus eigener Herstellung zu versorgen. Dabei kann vielleicht gleich das Vorurteil abgebaut werden, Kompostbereitung mache allein für einen Blumengarten zu viel Arbeit. Selbst wer nur eine einzige Blumenrabatte als Wochenendgarten pflegt, muß nicht auf selbsterzeugte Komposterde verzichten.

Selbstverständlich kann man Blumen auch ohne Mineraldünger und gifthaltige Pflanzenschutzmittel anbauen, wenn man keinen Kompost hat oder haben will. Man bedient sich dann der zahlreichen organischen Handelsdünger und ernährt so die Pflanzen noch immer »biologischer« als auf mineralischer Grundlage.

Warum Kompost?

Das Wachsen und Gedeihen in der belebten Natur beruht auf Stoffkreisläufen. Sauerstoff, Wasserstoff, Kohlenstoff, Stickstoff, Phosphor, Kalium, Kalk und viele andere Elemente sprudeln nicht unerschöpflich aus Himmel und Erde, sondern werden in zahlreichen Stufen der Atmosphäre, der Hydrosphäre, der Lithosphäre und der Lebensentfaltung kreisläufig umgesetzt. Die Pflanze braucht zu ihrem Wachstum zehn verschiedene »Kernnährstoffe«, von denen wir die meisten nannten, und eine Reihe von Spurenelementen in sehr kleinen Mengen. Sauerstoff, Kohlenstoff und Wasserstoff entnimmt die Pflanze der Luft und dem Wasser. So lange sie nicht an Trockenheit leidet und genügend Sonnenlicht bekommt, hat sie an diesen Stoffen nie Mangel, sie müssen ihr deshalb nicht als Dünger zugeführt werden.

Mangel entsteht in der Regel nur an drei, höchstens vier Stoffen: Stickstoff (N), Phosphor (P), Kalium (K), bei sauren Böden Kalk (Ca). Mineraldünger enthalten diese Stoffe einzeln oder in Kombinationen. Im sogenannten Volldünger stecken N-P-K in wasserlöslicher Form sowie Spurenelemente. Der Boden kann solche »Kunstdünger« nur in geringem Maß auf Vorrat speichern. Die wasserlöslichen Nährsalze werden deshalb zu oft beträchtlichen Teilen vom Regen ausgewaschen und finden sich in unseren Gewässern wieder – ein fehlgeleiteter, offener Kreislauf. Da besonders der Stickstoff in mineralischer Form die Pflanzen leicht überdüngen kann – sie verlieren dann an Gewebefestigkeit und

Widerstandskraft, wachsen schnell und üppig bei gleichzeitig gehemmter Blüten- und Fruchtbildung –, lehnen alle biologisch ausgerichteten Anbauweisen vor allem die mineralische Stickstoffdüngung ab. Kalk dagegen wird auch in den naturnahen Wirtschaftsweisen mineralisch dem Boden oder dem Kompost zugesetzt. In der Natur kommt Kalk in großen Mengen als Verwitterungsprodukt der Kalkgesteine vor, das sind Ablagerungen organischen Ursprungs.

Die Entfaltung der Pflanzendecke in freier Natur bedarf grundsätzlich der gleichen Kernnährstoffe und Spurenelemente wie unsere Pflanzenkulturen. Auch sie haben einen mehr oder weniger großen Verbrauch an N-P-K, den sie weder aus dem Wasser, noch aus der Luft decken können, und der aus den im Boden organisch gebundenen Vorräten bald verbraucht wäre. Die Natur arbeitet mit Stoffkreisläufen, die den Bedarf des irdischen Pflanzenmantels voll decken.

Alle Stoffe, die Pflanzen brauchen, sind in ihnen selbst enthalten. Wenn eine Pflanze abstirbt, liegen sie in organischer Bindung vor, in dieser Form unverwertbar für die Wurzeln der lebenden Pflanzen. In der Rotteschicht des Bodens nehmen sich mikrobische Zersetzer, meist Bakterien, aber auch größere Lebewesen wie Regenwürmer, dieser organischen Verbindungen an und zerlegen sie zur Nahrungsgewinnung in mehreren Stufen in die mineralischen Grundbausteine.

Während der Abbauschritte kommt es zur Humusbildung. Humus ist ein nicht mehr nur organisches und noch nicht ganz mineralisches Stoffgemenge, er stellt eine stabile Zwischenstufe der Mineralisierung dar. Die im Humus gebundenen Mineralsalze können durch Wasser so gut wie nicht ausgeschwemmt werden. Die Pflanzenwurzeln sind aber in der Lage, ihre Nährstoffe schon von dieser Zwischenstufe aufzunehmen. Humus bedeutet deshalb einen idealen Nährboden für die Pflanzen – einerseits vor Auswaschung geschützt, andererseits nur sehr langsamem Abbau durch Mikroben zur endgültigen Mineralisierung ausgesetzt. Humus kann deshalb verschieden mächtige Schichten bilden. Neben der Zufuhr an organischem Material hängt seine Mächtigkeit auch vom Klima und von der Entfaltung des Bodenlebens ab. Humus entsteht ausschließlich durch die Tätigkeit der Zersetzer.

Die biologische Anbauweise macht sich die in jedem fruchtbaren Boden enthaltenen Kleinstlebewesen zunutze und fördert ihre

Tätigkeit durch organisches »Futter«. Strenggenommen düngt man dabei nicht die Pflanzen, sondern füttert das Bodenleben – eine Reihenfolge, die dem natürlichen Kreislaufgeschehen voll entspricht. Die Mineraldüngung dagegen umgeht das Bodenleben weitgehend und ernährt die Pflanzen unmittelbar. Deshalb kommt es bei dieser Wirtschaftsweise so sehr auf die richtigen Mengen zur richtigen Zeit an.

Mit der Kompostmiete schafft sich die biologische Wirtschaftsweise eine denkbar einfache Erzeugungsstätte für Humus. Die Kompoststätte wird mit allen organischen Haushaltsabfällen und allen organischen Gartenabfällen beschickt. Die Miete liefert je nach den Vermehrungsbedingungen für das Bodenleben nach zwei bis zwölf Monaten lockeren schwarzen Humus, die reife Komposterde. Sie riecht nach Waldboden und enthält alle bodenbürtigen Nährstoffe der Pflanze in harmonischer Zusammensetzung. Wir gewinnen damit die beste Düngung für unsere Kulturpflanzen, also auch für Blumen.

Man kann den Schichten der Kompostmiete fein gemahlenen Kalk (Algen-, Muschel-, Korallenkalk), Knochenmehl und/oder Steinmehl zusetzen, indem man sie dünn damit bestreut. Das aufgesetzte Material soll feucht, aber nicht naß sein. Durch beigegebene zerkleinerte Holzabfälle von Sägemehl bis Baumschnitt, durch Stroh oder anderes sperriges, aber kurzgeschnittenes Pflanzenmaterial hält man die Mischung luftig, denn sie soll nicht unter Sauerstoffabschluß und Geruchsentwicklung faulen, sondern unter Luftzutritt rotten.

Für rasche Rotte und fruchtbaren Humus braucht man neben zellstoffreichen Bestandteilen auch stickstoffhaltiges Material. Jedes Eiweiß – tierisch oder pflanzlich – enthält Stickstoff (und Phosphor). Pflanzliche Abfälle haben in der Regel weniger, tierische mehr Stickstoff. Deshalb sollte man der Kompostmiete nach Möglichkeit Mist, Jauche oder andere organische Stoffe tierischer Herkunft beigeben. Stehen sie nicht zur Verfügung, nimmt man organische Handelsdünger wie Blutmehl, Hornspäne, Hornmehl oder Guano. Sie kommen über den Weg des Kompostierens dem Boden und damit den Pflanzen voll zugute.

Die sachgemäß beschickte und gepflegte Kompostmiete riecht nicht unangenehm und bietet keinen häßlichen Anblick. Man kann den Kompost, besonders den kleinerer Haushalte, auch in dafür selbstgemachte Holzrahmen oder käufliche Kompostbehälter in

Form beweglicher Wandteile oder Tonnen stecken. Dabei muß immer auf ausreichende Luftzufuhr durch Löcher oder Schlitze geachtet werden. Die Komposttonne ermöglicht es dem Kleinsthaushalt mit vielleicht nur einem Terrassengarten, fruchtbaren Humus selbst und problemlos herzustellen. Man hat dann einen stets sich erneuernden Nachschub an bester Blumenerde für Rabatten, Pflanzkübel und Blumentöpfe. Zudem entlastet man durch das Kompostieren die Mülltonnen spürbar. Störende Gerüche, die der Haushaltsabfall entwickeln kann, wenn er noch nicht dem Kompost zugesetzt wurde, bindet man durch aufgestreutes Steinmehl. In der Kompostmiete sorgen Erdzusätze in fast beliebiger Menge für geruchlose Rotte.

Wie werden Blumen gedüngt?

Das Geheimnis biologischen Düngens steht nicht auf irgendeiner Packung, es erschließt sich in der Tätigkeit eigenen Beobachtens. Organisch düngen heißt, die Stoffbildung der Pflanze über das Bodenleben und die Humusstufe mit Nährsalzen zu versorgen.

Bildet ein Gewächs im Laufe der Vegetationsperiode, also während der warmen Jahreszeit, viel Pflanzenmasse in Form von Blättern, Stengeln, Knollen, Blüten oder Früchten, dann muß es große Stoffmengen umsetzen. Der Motor dafür ist die Photosynthese der grünen Blätter. Die Rohstoffe ihres Aufbaus an Biomasse holt sich die Pflanze aus Luft, Wasser und Boden, also auch in Form von Nährsalzen. Je mehr Masse sie jährlich bildet, desto größer ist ihr Nährstoff- und damit ihr Düngerbedarf. In diesem Sinne unterscheiden wir bei den Gemüsepflanzen Stark-, Mittel- und Schwachzehrer. Der Massenzuwachs bei Gartenblumen erreicht nicht den von Kartoffeln oder Kohl. Blüten sind zwar oft umfangreich, aber sie wiegen nicht viel. Im allgemeinen entspricht der Nährstoffbedarf von Gartenblumen dem der Schwachzehrer und Mittelzehrer. Er liegt besonders bei den auf reiche Blütenentfaltung gezüchteten Arten noch immer deutlich über dem durchschnittlichen Nährstoffverbrauch der Wildblumen.

Es gibt allerdings unter den Blütengewächsen des Gartens einen Starkzehrer: die Sonnenblume. Sie übersteigt in ihrer Höhe die größten Stauden, gehört aber zu den Sommerblumen. Das heißt, sie bildet ihren holzigen Schaft, die großen derben Blätter, die mächtigen Blütenscheiben und den fett- wie eiweißreichen Fruchtstand zwischen Frühling und Herbst eines Jahres aus. Verständlicherweise braucht sie dafür viele Nährstoffe. Man pflanzt diese »hungrige« Pflanze deshalb nicht an den Rand eines Kartoffel- oder Kohlstückes, weil sie diesen Starkzehrern zu viel Nährsalze entziehen würde.

Auch zwiebel- und knollenbildende Blumen sammeln beträchtliche Nährstoffmengen, von denen sie allerdings im darauffolgenden Jahr zunächst zehren.

Für die Stoffbildung einer Pflanze spielt ihre Lichtaufnahme eine bedeutende Rolle. So wachsen in freier Natur selbst auf armen Böden einige großblütige Gewächse, zum Beispiel das Adonisröschen und die Silberdistel.

Den erhöhten Düngebedarf der Sommersonnenblumen und anderer Gartenblumen mit großem Zuwachs deckt man mit reichlich bemessenen Kompostgaben im Herbst oder Frühjahr. So wird man Dahlien und Gladiolen, die sowohl Knollen als auch viel oberirdische Masse bilden, mit mehr Komposthumus versorgen als kleinere Blütengewächse.

Stellt man sich vor, was eine Gartenpflanze im Herbst mit ihren absterbenden Teilen dem Boden oder der Kompostmiete zurückgibt, beziehungsweise zurückgeben würde, wenn man ihr nichts nähme, so hat man darin einen brauchbaren Maßstab dafür, wieviel Dünger eine Art im Verhältnis zu einer anderen braucht. Unter Dünger verstehen wir hier ganz allgemein den Bedarf an verschiedenen Nährsalzen, vor allem N-P-K, wie sie Komposterde in ausgewogenem Mengenverhältnis bietet. Die Überlegung, daß eine immergrüne Staude weniger organisches Material »abwirft« als eine Staude, die im Herbst ihre oberirdischen Teile »einzieht«, das heißt vergehen läßt, ist richtig: Pflanzen, die im Frühjahr schon Gerüst und Blätter tragen, diese Organe also nicht jährlich neu bilden müssen, brauchen auch weniger Nährstoffe für ihr Fortkommen. In gleicher Weise beanspruchen einziehende Stauden weniger Nährstoffe und damit Düngermasse als gleichgroße Sommerpflanzen, weil erstere im Frühling aus dem vorhandenen Wurzelstock sprießen können, während die einjährigen Blütenpflanzen sich ganz aus dem Samen heraus aufbauen.

Der Zusammenhang zwischen Zuwachs und Bedarf ist einleuchtend, wird aber oft nicht wahrgenommen. Man nimmt leicht auf, was auf Papier gedruckt steht, aber tut sich viel schwerer, im

Buch der Natur selbst zu lesen. Gerade im Blumengarten müßte man dahin kommen, für die Fragen der Boden- und Pflanzenpflege vor allem seine Sinne zu gebrauchen, das heißt, zu beobachten, was sich im Garten tut. Man wird dann unabhängiger von zusammenhanglosen Gartentips und Packungsaufschriften.

Ohne Zweifel sind die Erfahrungen anderer für die eigene Arbeit oft von größtem Nutzen. Aber wieviel Aufforderungen, dieses und jenes zu tun oder zu lassen, werden an den Freizeitgärtner allein von Gartenbedarfsherstellern herangetragen! Hobbygärtner bilden eine zahlenstarke und zahlungskräftige »Zielgruppe«; es lohnt sich nicht nur, um sie zu werben, sondern auch, ihre Arbeitsweisen und Gewohnheiten zu beeinflussen.

Blättert man eine Gartenzeitschrift durch, so findet man, daß in der Tat mit Versprechungen, Suggestionen und Drohungen nicht gespart wird. Man liest von Düngemittel- und Giftherstellern, daß ihre Erzeugnisse für den Garten »so unentbehrlich wie Sonne und Regen« sind. Mit solch kernigen Sprüchen kann für den, der sie nicht als die geschmacklose Verirrung eines Werbetexters belächelt, sondern ernst nimmt, der Grund zu weitreichenden Irrtümern gelegt werden. Setzt man Rosen nur lange genug mit einem »Rosendünger« oder einem bestimmten Pestizid ins selbe Werbebild, dann festigt sich im Betrachter mit der Zeit bewußt oder unbewußt die Ansicht, daß eine Rose ohne solche Hilfsmittel gar nicht gedeihen kann, daß man sie schlecht behandelt, wenn man ihr das Präparat vorenthält.

Den Wegweiser für verstandenes biologisches Gärtnern – dahin zielt mein Hinweis – wird man vor allem im Garten selbst gewinnen, im tätigen Beobachten des Pflanzenlebens – auch in freier Natur. Gerade die Antwort auf Düngungsfragen legt uns das Kreislaufgeschehen der Natur so deutlich vor Augen: Wo viel Pflanzenmasse entsteht, wächst damit auch der organische Dünger heran, der die üppige Pflanzenentfaltung aufrechterhält. Welche Unordnung gäbe es in den Lebensräumen, wenn Starkzehrer wenig Masse entwickeln würden, Schwachzehrer aber viel! Die Böden der ersteren würden nach kurzer Zeit ausgelaugt, die der letzteren könnten den Humusanfall nicht wieder an die Pflanzen loswerden.

Im Wald, der umsatzstärksten natürlichen Pflanzengemeinschaft unserer Heimat, führt starker Zuwachs zu massereichen organischen Abfällen, diese ermöglichen umfangreiche Humusbildung. Wir haben im Wald einen dauerfruchtbaren Boden, der ohne

Düngung von außen über Jahrhunderte und Jahrtausende hinweg große Bäume ernährt. Unter der Trockenheide mit ihrer schütteren, umsatzschwachen Pflanzendecke, die gleichwohl herrliche Wildblumen hervorbringt, entsteht eine nur dünne Humusschicht, ein magerer Boden. Würde man ihn wohlmeinend mit mineralischem Volldünger »verbessern«, um den armen Pflänzchen dieser Standorte etwas Gutes zu tun, dann hätte man diese Wildgewächse auch schon vertrieben. Der Boden entspricht genau ihrem Stoffumsatz.

Die Natur führt uns vor, wie die Wachstums- und Umsatzvorgänge ablaufen. Im Garten machen wir uns die Art der natürlichen Kreisläufe zunutze, regeln aber durch unsere Maßnahmen ihren Umfang und bestimmen, welchen Pflanzen sie zugute kommen. Auf biologisch gepflegter Erde unterstützen wir die Naturvorgänge und bauen sie für unsere Zwecke aus.

Naturnahes Gärtnern setzt auch für den reinen Blumengarten eine Kompostmiete oder ein Kompostsilo voraus. Bodenpflege und Düngung gestalten sich im Blumengarten einfacher als im Gemüsegarten, sie kosten weniger Zeit. Das gilt nicht für die Pflege besonders anspruchsvoller Blumenarten, die in unserem Klima nur unter Glas oder mit anderen Hilfsmitteln gedeihen.

Selbstverständlich kann man Blumenbeete zu einer Art ständigen Gartenbauausstellung mit fortlaufender Blumenschau aufpäppeln. Verblühende Pflanzen werden dann durch gerade aufblühende ersetzt, man entwickelt durch ausgeklügelte Kulturfolgen nach Art des Intensivgartens Höchsterträge an Blüten. Hier soll aber von dem eher pflegeleichten Blumengarten die Rede sein, wie er üblicherweise Terrasse und Haus schmückt oder den Nutzgarten ergänzt.

Organische Düngung und Bodenbearbeitung bilden eine Einheit. Sie werden deshalb im folgenden zusammenhängend behandelt. Der Sommerflor der Blumenrabatten vergeht im Herbst. Nur wenige Stauden behalten ihre oberirdischen Teile, man schützt sie, wo kälte- und schneereiche Winter zu erwarten sind, gegen Frost und Schneebelastung. Für eine Bodenbearbeitung im Frühjahr ist es wichtig, daß die Wurzeln aller Stauden schon im Herbst mit Holz- oder Bambusstöcken gekennzeichnet werden. Man wird im Herbst düngen, sofern man ausgereifte Komposterde zur Verfügung hat. Eine Schicht von zwei bis vier Zentimeter Stärke genügt im allgemeinen als Jahresdüngung für das Blumenbeet. Der Humus wird mit der Harke oberflächlich eingearbeitet, keinesfalls untergegraben.

Im biologisch gepflegten Garten verzichten wir auf das herbstliche Umgraben ganz. Erscheint uns der Boden zu dicht, weil wir erst am Anfang unserer Kompostwirtschaft stehen, so lockern wir ihn, indem wir Spaten oder Grabgabel in die Erde treten, den Stiel einmal nach vorn bis zum ausgestreckten Arm, dann zurück an den Körper bringen und dasselbe beim nächsten Einstich wiederholen. Wir gehen dabei wie beim Umgraben rückwärts, um nicht auf die Einstichstellen treten zu müssen. Dieses Bodenlockern dient vor allem der Belüftung und dem besseren Eindringen von Wasser.

Muß ein neu in Kultur genommener, noch nicht garer Boden im Herbst umgegraben werden, läßt man die Schollen unzerkleinert liegen, damit sie durch Frostgare krümelig werden. Eine solche Bodenbearbeitung wird bei regelmäßiger Kompostdüngung überflüssig. Sie wirkt störend auf ein gut entwickeltes Bodenleben.

Ein humoses Blumenbeet kann auf folgende arbeitssparende Weise dem Winter übergeben werden: Man läßt die halbvertrockneten Pflanzenabfälle liegen, harkt auch das Laub nicht ab, sondern bringt, wenn vorhanden, davon noch einige Körbe voll auf das Beet und deckt mit Tannenreisern ab. Wir haben damit eine Mulchschicht, die den belebten Boden vor Frost schützt. In der Folge werden wir eine beständigere Bodengare bemerken als die nur kurz anhaltende Frostgare. Stecken in einem so abgedeckten Blumenbeet Zwiebeln von Frühjahrsblühern, so darf nicht versäumt werden, unmittelbar nach der Schneeschmelze wenigstens die Tannenreiser abzuräumen. Schneeglöckchen und Osterglokken schicken sonst ihre grünen Triebe durch die trockenen Zweige und werden später beim Abnehmen des Reisigs leicht verletzt.

Will man die Kompostdüngung im Frühjahr durchführen, so harkt man das Blumenbeet ab, lockert es und vermengt den aufgetragenen Humus mit der obersten Erdschicht. Das Blumenbeet ist dann fertig zum Pflanzen oder Säen.

Grundsätzlich kann reife Komposterde zu jeder Jahreszeit aufs Land gebracht werden, doch wird man für Blumenbeete nur Frühjahr oder Herbst wählen, weil sie während des Sommers bewachsen sind.

Zu viel Kompost kann, wenn er wirklich reif ist, eigentlich nie schaden, es sei denn, man deckt das Steinbeet damit ein. Eine starke Humusschicht bedeutet belebten, lockeren Boden, der kaum noch einer mechanischen Bearbeitung bedarf. Eine zu dürftige Kompostgabe für einen Boden, der vielleicht noch nicht lange in Kultur ist, kann bei anspruchsvollen Stauden und Sommerblumen zu einer Nährstoffunterversorgung führen. Gerade im ersten Gartenjahr hat man oft noch keinen Kompost oder so wenig, daß man ihn ganz den Gemüsebeeten zukommen läßt. Man wird dann zur Überbrückung mit organischen Handelsdüngern arbeiten; sie stehen im Fachhandel des organischen Gartenbaus in reicher Auswahl zur Verfügung (siehe Bezugsquellen im Anhang).

Doch ist Vorsicht geboten, daß man der Blumenerde nicht zu viel Stickstoff zuführt. Er fördert vor allem das Blattwachstum, aber nicht die Blütenbildung. Wenn möglich, sollte man organische Handelsdünger, wie Blutmehl, Hornspäne oder Guano, dazu benutzen, mehr Kompost herzustellen. Mit ihrer Hilfe lassen sich auch stickstoffarme Zutaten, zum Beispiel Laub, Stroh, Holzabfälle, Grasschnitt und Unkraut, schneller und besser vererden. Nur junger Grasschnitt hat selbst viel Stickstoff, er ist eiweißreich. Er sollte zum Verrotten gut mit Erde oder anderen Materialien durchmischt und mit Kalk bestreut werden.

Im Frühjahr wird man die Blumenbeete nicht wesentlich früher durchhacken oder mit einem Kultivator lockern, was bei ähnlicher Wirkung weniger Arbeit macht, als man pflanzen oder säen will. Die Kompostdüngung bringt man erst kurz vor der Landbestellung auf. Man kann dann in krümeliger Erde säen oder pflanzen und erspart sich erneutes Bearbeiten.

Erde, die ungeschützt Wettereinflüssen ausgesetzt liegt, neigt zu oberflächlicher Verschlämmung und Verkrustung. Sie trocknet dann leichter aus. Es bilden sich sogenannte Bodenkapillaren, feinste Haarröhrchen, in denen die Feuchtigkeit tieferer Schichten aufsteigt, oben verdunstet sie. Durch Hacken unterbricht man diese Röhrchensysteme und schützt so die feuchtere Erde darunter. Die Redensart »Hacken spart Gießen« stimmt zwar, aber der Tausch verlängert die Arbeitszeit eher.

Eine erhebliche Arbeitsersparnis erreicht man dagegen durch das **Bodenbedecken** oder **Mulchen**. Man versteht darunter das Ausbringen einer je nach Anwendungszweck gerade bodendeckenden bis mehrere Zentimeter starken Schicht eines organischen Materials. In Frage kommen Grasschnitt, Laub, gehäckseltes Stroh oder Heu, Sägespäne, Sägemehl, zerkleinerte Gartenabfälle, Torfmullgemenge und anderes mehr. Man ahmt damit die grüne Pflanzendecke der Natur nach – nicht in der Farbe, sondern in der Wirkung: Der Boden wird beschattet, trocknet nicht aus und erreicht den erwünschten Zustand der »Schattengare«. Sie entsteht allerdings nur mittelbar durch die Beschattung, unmittelbar aber durch das Bodenleben, das im Schutz der Mulchschicht die Erde bis an ihre Oberfläche durchdringen kann und damit für krümelige Erde sorgt. Gleichzeitig werden die sogenannten Erstzersetzer der obersten Bodenschicht durch die Mulchdecke mit organischen Verbindungen »gefüttert«, Abbau setzt ein, die Mulchdecke vererdet nach und nach. Ihre Stoffe kommen so über die Tätigkeit der Zersetzer den Pflanzenwurzeln zugute. Die Bodenmikroben verbrauchen Sauerstoff und geben Kohlendioxid (Kohlensäure) an die bodennahe Luft ab und fördern damit die Photosynthese der Pflanzen.

Mulchen ist eine auf einfachste Art herbeigeführte Flächenkompostierung. Der augenscheinlich größte Vorteil der Mulchdecke für den arbeitsgeplagten Gartenfreund liegt darin, daß sie so gut wie keine Unkräuter aufkommen läßt. Gemulchte Gartenerde wird nicht mehr gehackt, weniger gegossen, und auf ihr erübrigt sich auch das Jäten weitgehend.

Für den Blumengarten mag das Mulchen einen einzigen Nachteil haben: Es ergibt vielleicht nicht das Bild, das sich mancher Hobbygärtner von seiner gepflegten Blumenrabatte vorstellt. Der Anblick gemulchter Beete hängt allerdings sehr von dem verwendeten Material ab und von der Sorgfalt, mit der es aufgetragen wurde. Hier muß jeder selbst entscheiden, ob er lieber hacken oder mulchen will. Es gibt neuerdings auch fertige Mulchmischungen zu kaufen. Mulchen und Kompostieren erleichtern hand- oder motorgetriebene Zerkleinerungsmaschinen, die alle organischen Abfälle von Haus und Garten einschließlich Pappe und Holz zur Weiterarbeit zerschneiden.

Aus der Schweiz stammt der Vorschlag für »schöneres«, nämlich unauffälliges Mulchen: Man mischt gehäckseltes Stroh mit Erde und setzt es zu einem Haufen auf, den man einige Wochen rotten läßt. Man bekommt dann ein erdfarbenes Gemenge, das sich gut mulchen und kaum vom Boden unterscheiden läßt. Eine solche Mulchdecke sollte auch auf einer vorbildlich gepflegten Blumenrabatte am Haus keinen ästhetischen Widerspruch erregen.

Die Frage, mulchen oder jäten und hacken, stellt sich vor allem für Staudenbeete mit junger Bepflanzung, wenn das Grün dieser

Gewächse noch keinen Bodenschluß erreicht hat. Mulchen empfiehlt sich auch dort, wo Sommerblumen in Reihen ausgesät oder ausgepflanzt wurden. Sie kommen dann unkrautfrei hoch und überwachsen im Frühsommer den Boden samt seiner Bedeckung.

Wie erwähnt, gibt man den Blumenbeeten vor Wintereinbruch eine dicke, vor Frost schützende Mulchschicht, die nach dem Abräumen im Frühling der Kompostmiete zugeführt wird. Sie kann deshalb aus grobem Material bestehen.

Mulchen im Blumengarten mag manchem neu sein. Doch sollte man sich mit dieser bodenschonenden, bodenverbessernden und arbeitssparenden Maßnahme im biologischen Gartenbau für Blumenbeete vertraut machen. So wie mancher eine Blumenrabatte nach dem Vorbild einer städtischen Anlage ausrichten möchte, wo blühende Pflanzen auf nackter Erde stehen, so widerstrebt dem biologisch empfindenden Gartenfreund gerade dieser Anblick ungeschützten Bodens.

Hacken ist nicht gleich hacken. Man unterscheidet die altbekannte Pendelhacke, oft zweiseitig benutzbar, und die Bügel- oder Ziehhacke mit scharfer, waagerechter Schneide. Das Arbeiten mit der Pendelhacke ist verhältnismäßig anstrengend und zeitraubend. Wo nur leicht gelockert und Unkraut beseitigt werden soll, tut man sich mit der Ziehhacke wesentlich leichter. Sie erfordert kein kraft- und zeitraubendes Schlagen, sondern nur ein Durch-den-Boden-Ziehen, wobei Unkräuter in der Erde durchschnitten werden. Wo die Ziehhacke zu breit ist, etwa zwischen Pflanzen oder an Beeträndern, nimmt man einen einscharigen Kultivator. Für tieferes und trotzdem die Bodenschichten erhaltendes Lockern gibt es den gut bewährten SZ-Wühler oder Sauzahn, erhältlich im Fachhandel für biologischen Gartenbau.

Außer den genannten allgemeinen Bodenpflegearbeiten erfordert der Blumengarten einige wiederkehrende Verrichtungen, die unmittelbar mit Anbau und Pflege der mehrjährigen Gartenblumen und Stauden zu tun haben. Darauf gehen wir im siebten Kapitel ein.

Die beste Schädlingsabwehr sind gesunde und damit widerstandsfähige Pflanzen. Sie werden uns die eigentliche und unmittelbare Bekämpfung einzelner Schädlinge weitgehend ersparen. Auch Blattläuse, um ein verbreitetes Beispiel zu nennen, gehören zur Tierwelt des Gartens, die so lange nicht als Schädlinge in Erscheinung treten, als sie mit ihren Freßfeinden wie Marienkäfern, Florfliegen, Schwebefliegen und deren Larven in einem Gleichgewicht stehen. Zur Bedrohung werden sie erst, wenn sie eine Pflanze oder einen Pflanzenbestand massenhaft befallen.

Das gehäufte, im Sinne natürlicher Gleichgewichte übermäßige Auftreten eines Kerbtieres oder pilzlichen Krankheitserregers ist im Garten in der Regel an zwei Voraussetzungen gebunden:

1. gestörter Allgemeinzustand bestimmter Pflanzen (Anfälligkeit),
2. massenhaftes Futterangebot für einzelne Kerbtiere oder andere Schadorganismen in Form von Pflanzenbeständen aus nur einer Art (Monokultur).

Die beste Voraussetzung für gesunde Pflanzen im Blumengarten ist seine regelmäßige Versorgung mit ausgereiftem Humus aus eigener Komposterzeugung. Irgendwelche Nährstoffmängel als Ursache herabgesetzter Pflanzengesundheit schließen wir damit aus, ohne uns um die Versorgung der Pflanzen mit einzelnen Nährsalzen kümmern zu müssen.

Auch gut ernährte Pflanzen können anfällig gegen Krankheiten und Schädlinge sein, wenn sie in einem Klima angebaut werden, das ihnen nicht entspricht. Zwar stammen viele gerade unserer prachtvollsten Gartenblumen ursprünglich nicht aus unseren Breiten, aber sie wurden durch Zuchtwahl so angepaßt, daß sie bei sachgemäßer Pflege genügend Widerstandskraft gegen Krankheiten und Schädlinge entwickeln. Fortdauernd kühles oder nasses Wetter kann den Allgemeinzustand von Kulturpflanzen aus wärmeren Ländern vorübergehend schwächen. Sie werden dann, besonders, wenn sie zu eng stehen, anfälliger gegen Pilzerkrankungen wie den Echten und den Falschen Mehltau sowie den Grauschimmel (Botrytis). Grauschimmel entwickelt sich vor allem unter der hohen Luftfeuchtigkeit von Gewächshäusern und Frühbeeten; er kann unter anderem Pelargonien (Geranien), Gladiolen, Primeln,

Tulpen und Alpenveilchen befallen. Echter Mehltau sucht Astern, Begonien, Chrysanthemen, Hortensien, Rittersporn und Rosen, Falscher Mehltau Goldlack, Löwenmäulchen, Mohn, Primeln und Rosen heim. Echter Mehltau verursacht einen weißen, mehlartigen Belag, vor allem auf Trieben und jungen Blättern, aber auch auf Blüten. Falscher Mehltau zeigt sich am weißgrauen Schimmelbelag der Blattunterseiten und gelblichen Flecken der Blattoberseiten. Grauschimmel oder Graufäule gilt als ein Zeichen ungenügender Wachstumsbedingungen.

Da der Hausgarten allgemein keine Blumen-Monokulturen wie im Erwerbsgartenbau enthält, ist die Gefahr massiven Krankheits- und Schädlingsbefalls in Gärten mit biologischer Bodenpflege durch Kompostwirtschaft sehr gering. Treten Krankheiten und Schädlinge im Blumengarten gehäuft auf, sollten sie dem Hobbygärtner Anlaß sein, eigene Fehler bei der Bodenpflege zu suchen. Es gibt wirksame biologische Mittel zur unmittelbaren Bekämpfung von Schädlingen und Krankheitserregern, doch wird ihr Einsatz im Blumengarten selten erforderlich sein. Chemischer Pflanzenschutz kommt im naturnahen Garten nicht in Frage, weil man seine schädlichen Nebenwirkungen und seine Giftrückstände für Tiere, Pflanzen und Boden nicht in Kauf nehmen möchte.

Synthetische, also chemische Insektizide gibt es als Berührungs-, Atem- oder Fraßgifte. Man unterscheidet systemische und nichtsystemische Insektizide. Die systemischen wirken mittelbar über das Pflanzengewebe, in das sie eindringen, auf Kerbtiere, die von diesem Gewebe oder seinem Saft leben. Die nichtsystemischen Insektizide wirken unmittelbar auf alle mit ihnen in Berührung kommenden Insekten, also auch auf Nützlinge, wie Schmetterlinge, Käfer und Bienen.

Es gibt hochgiftige organische Insektizide, die ausschließlich aus Pflanzen gewonnen werden. Sie wirken nicht systemisch, töten also auch Nützlinge, gelangen aber nicht in das Pflanzengewebe wie die systemischen Mittel und bauen sich nach wenigen Tagen von selbst ab. Für Warmblüter sind sie ungefährlich, für Insekten und Fische in hohem Maße giftig:

Pyrethrum aus bestimmten Chrysanthemenblüten, ein Kontaktgift, das schon nach 48 Stunden wirkungslos wird.

Rotenon (Derris) aus den Wurzeln tropischer Schmetterlingsblütler, ein lähmend wirkendes Kontakt- und Fraßgift mit etwas längerer Wirkung als Pyrethrum, ist für Warmblüter ungefährlich, aber stark giftig für Kerbtiere und Fische,

Quassia wird aus dem tropischen Bitterholz gleichen Namens gewonnen. Es wirkt als Fraß- und Kontaktgift auf Kerbtiere tödlich, aber schwächer als die beiden vorgenannten Gifte, für den Menschen ist es harmlos.

Quassia kommt als einziges der drei aufgeführten organischen Insektenbekämpfungsmittel für den biologisch bewirtschafteten Blumengarten in Frage. Man kann Quassiaholz in Drogerien und im Fachhandel bekommen und eine wirksame Brühe durch Auskochen in Wasser selbst herstellen. Da dieses Gift alle Kerbtiere, die mit ihm in Berührung kommen, tötet oder schädigt, sollte man es nur gezielt und im kleinsten nötigen Umfang einsetzen. Seine Verwendung kann nur empfohlen werden, wenn Gartenpflanzen akut durch Schädlinge gefährdet sind. Es gibt für die Schädlingsabwehr eine Reihe biologischer »Hausmittel« ohne unerwünschte Nebenwirkungen. Man kann sie leicht selbst herstellen, und die dafür nötigen Kräuter wachsen meist im Garten oder in dessen Nähe oder man kauft sie getrocknet.

Im folgenden werden die gebräuchlichsten Herstellungsarten und Anwendungen aufgeführt. Man setzt sie gleichermaßen im Gemüse- wie im Blumengarten ein. Ihr besonderer Vorteil liegt darin, daß sie die Abwehrkraft der Pflanzen stärken, so daß überschüssige Gießflüssigkeit weiter mit Wasser verdünnt und als Dünger oder Kompostzusatz verwendet werden kann. Dies gilt natürlich nur für Tees, Brühen und Jauchen aus Kräutern, nicht für die Quassiabrühe. Man bringt die Mittel mit der Gießkanne aus oder spritzt sie mit dafür käuflichen Handspritzen durch Düsen.

Kräuterjauche: Frische grüne oder getrocknete Pflanzen werden in Wasser – vorteilhaft Regenwasser – eingeweicht. Man verwendet Holz-, Steingut-, Zement-, Emaille- oder Kunststoffbehälter, kein blankes Metall. Man deckt das Gefäß, zum Beispiel ein Holzfaß, mit Brettern oder einem Rost ab, die Luftzufuhr muß erhalten bleiben. Täglich sollte einmal gründlich gerührt werden. Zur Geruchsbindung kann man in den ersten Tagen mehrmals eine Handvoll Steinmehl zusetzen. Die Flüssigkeit vergärt und wird dunkel. Sie ist reif – etwa nach ein bis zwei Wochen –, wenn die

Schaumbildung abklingt. Sonnenwärme unterstützt die Gärung. Für bessere Haftung der Flüssigkeit an Pflanzen mischt man dem Wasser etwas Lehm bei. Will man die Flüssigkeit durch eine Düse verspritzen, muß sie erst gesiebt werden. Man kann die Kräuter auch erst in einen Jutesack und dann in den Gärbottich stecken.

Beißende Brühe: Man wartet den Abschluß der Gärung nicht ab, sondern verwendet die Jauche schon nach drei bis fünf Tagen, ohne sie noch einmal zu verdünnen.

Tee: Man weicht frische oder trockene Kräuter in anfänglich heißem Wasser rund 24 Stunden lang ein.

Brühen: Frische oder getrocknete Kräuter weicht man 24 Stunden lang ein und kocht sie in diesem Wasser eine Viertelstunde lang.

Die Mengenangaben der folgenden Aufstellung sind veränderliche Richtzahlen. Man spart sich das Abwiegen der Kräuter, wenn man in das Gärgefäß so viel frische Kräuter lose einschichtet, daß sein Oberrand noch nicht erreicht wird. Dann füllt man mit Wasser auf. Die anschließende Verdünnung kann ohne Messen so gehandhabt werden, daß die verwendungsfertige Jauche nicht dunkler als hellbraun gefärbt ist. Nur die beißende Brühe bleibt unverdünnt. Für die Herstellung von Tees und Brühen in kleineren Mengen hält man sich sinngemäß an die Angaben für Kräuterjauchen und verdünnt anschließend wie dort. Für gezielte Schädlingsbekämpfung können Tees und Brühen in stärkerer Konzentration ausgebracht werden.

Zugaben	Zubereitung	Anwendung
Ackerschachtelhalm	1 kg grüne Pflanzen ohne Wurzeln auf 10 l Wasser oder 100–200 g Trockenpflanzen	Fünffach mit Wasser verdünnt, gegen Pilzbefall, Echten und Falschen Mehltau, Rost und Schorf. Auf Pflanzen und Boden ausbringen.
Brennessel	wie oben	Zehnfach verdünnt gegen Blattläuse und zur allgemeinen Stärkung auf Pflanzen und Boden, als beißende Brühe unverdünnt gegen Blattläuse, nur auf befallene Pflanzen, später mit Wasser abwaschen.
Farnkraut (Wurmfarn und/oder Adlerfarn	wie oben	Zehnfach verdünnt gegen Blattläuse
Rainfarn	wie oben	Zehnfach verdünnt allgemein gegen Insektenschädlinge
Quassia	150 g Quassiaholz in 2 l Wasser einweichen und kochen, dazu die gleiche Menge Schachtelhalmtee und 250 g reine Schmierseife	In 10 l Wasser verdünnt, gegen Blattläuse und andere Insektenschädlinge. Giftig für alle Kerbtiere, also auch die Nützlinge. Wenn es nicht regnet, müssen die Pflanzen nach 3 Tagen mit Wasser abgewaschen werden. Quassiaholz kann man 2–3mal auskochen.

Man stellt Kräuterjauchen auch mit Mischungen der genannten Kräuter her. Ähnlich bereitete Auszüge aus anderen Gartenunkräutern und Wildkräutern wirken als Düngung und fördern das Wachstum. Besonders bewährt haben sich Beinwell, auch Comfrey genannt, und Löwenzahn.

Schließlich sei noch erwähnt, daß man mit einer Anpflanzung von Tagetes (Studentenblume) die Wurzelälchen (Nematoden) vertreibt. Diese höchstens einen Millimeter langen Fadenwürmer kommen in mehreren Arten vor und vermehren sich in verschiedenen Pflanzenteilen. Blattälchen können Astern, Begonien, Chrysanthemen, Dahlien, Gloxinien, Rittersporn und Farne befallen. Stock- oder Stengelälchen, eine seltenere Art in Stielen, Blättern und Zwiebeln, gefährden Hortensien, Hyazinthen, Narzissen, Nelken und Phlox.

Nematoden gehören zum gesunden Bodenleben, sie beteiligen sich an der Humusbildung. Nur bestimmte schädliche Arten unter ihnen bewirken die Gewebsveränderungen bei Pflanzen. Übermäßige Feuchtigkeit und Monokulturen begünstigen ihren Auftritt als Schädlinge. In biologisch gepflegter Erde ohne zusätzliche Stickstoffdüngung wird man selten Schäden durch Nematoden feststellen. Neben Tagetes scheiden auch Esparette, Luzerne, Mais und Zuckerhut Stoffe aus ihren Wurzeln aus, die den Älchen schaden, indem sie sie zur Larvenbildung anregen. Da die genannten Pflanzen nicht als Futterpflanzen in Frage kommen, sterben die Larven im Boden ab.

Daß in der Schädlingsfrage Vorbeugen besser als Bekämpfen ist, bewies Professor Alwin Seifert, einer der Väter der Kompostwirtschaft. Mehr durch Zufall war er auf die gesundende Wirkung dieser kreislaufgebundenen Düngung gestoßen und machte sie zur ausschließlichen Grundlage seines Obst- und Gemüseanbaus. Durch überwältigende Erfolge sicher geworden, versprach er öffentlich, jedem Besucher für jede Blattlaus, die der in seinen Kulturen finden könnte, eine Deutsche Mark zu bezahlen. Obwohl der Professor sein Angebot jahrelang aufrechterhielt und obwohl ihn viele, auch fachkundige Besucher aus nah und fern besuchten, hat ihn diese Zusage keine einzige Mark gekostet.

IV SOMMERFLOR

Wenn man als Gartenanfänger im Frühjahr – mehr oder weniger ratlos – vor dem unkultivierten Land eines Neubaus steht, das einmal Garten werden soll, dann heißt die beste Antwort auf viele Fragen: Einjährige Sommerblumen säen!

Dieser Schritt in die schnell erreichbare Blütenfülle setzt keine besonderen gärtnerischen Erfahrungen, aber sonnigen Standort und eine fruchtbare Humusauflage voraus. Für die wird heute in der Regel noch durch die Baufirma gesorgt; doch kann nicht jede als »Humus« bezeichnete Erde auch gleich erfolgreich bebaut werden. Durcheinander geratene Erdschichten müssen möglicherweise zunächst durch eine Gründüngung harmonisiert werden, das heißt, man sät Gelbsenf oder Leguminosen, wie Lupine, Esparette oder Klee.

Die in der Pflege meist anspruchslosen Einjährigen brauchen doch einen guten, nährstoffreichen Boden, wie man ihn für die Mittelzehrer unter den Gemüsepflanzen vorsieht. Er darf, wie für alle Blumen, nicht zu reichlich mit Stickstoff gedüngt sein. Wer nur mit Kompost arbeitet, kann den Fehler nicht begehen.

Auch für das schon gut eingewachsene Gartengrundstück mit blühenden Sträuchern und Stauden erweisen sich die rasch entfaltenden Sommerblumen als unentbehrlich. Ihr farbenfroh geknüpfter Teppich läßt Büsche und Bäume als Raumbildner erst richtig zur Wirkung kommen. Die erwünschte überquellende Üppigkeit der mit Sommerblumen eingesäten oder bepflanzten Einfassungen und Beete steigert man, wenn man keine geradlinigen oder befestigten Grenzen zieht, sondern bewegte, den Pflanzen selbst verwandte Formen schafft und die mit dem Rasen oder mit plattenbelegten Flächen ebenerdig sich verzahnen läßt. Für solche wuchernden und blühenden Ränder eignet sich die schnell wachsende und bodendeckende Kapuzinerkresse, wenn man ihr großzügig Platz einräumt. Hält man dagegen auf klare Grenzen auch der Blütenpracht, dann empfiehlt sich beispielsweise das niedrige Portulakröschen zur Einfassung.

Das Heer der Sommerblumen umfaßt an die fünfzig Arten mit einem Vielfachen an Sorten in oft eigenständigen Formen und Farben. Der Gartenfreund kann unter einigen hundert Blumen wählen! Jährlich bringen die Züchter reizvolle Neuheiten auf den Markt. Manche verschwinden schnell wieder, andere bewähren sich und vergrößern den Bestand erhältlicher Varietäten.

Die Samen- und Pflanzenkataloge bringen über alle angebotenen Arten und Sorten die wichtigsten Angaben, Hinweise für Aussaat und Pflege findet man auf den Samentüten. Deshalb halte ich es nicht für sinnvoll, endlose Sortentabellen aufzuführen, sondern den wichtigsten Arten etwas mehr Aufmerksamkeit zu widmen, als dies durch eine bloße Auflistung geschehen könnte.

Man teilt die Sommerblumen in zwei Gruppen:

1. Pflanzen, die man von März bis Mai gleich ins Freiland aussäen kann,
2. Pflanzen, die in unserem Klima einer Vorkultur bedürfen.

Den Sommerblumen schließen sich die Zweijährigen an, Zwiebel- und Knollengewächse leiten zu den Stauden über.

Das Jahr der »Einjährigen« währt oft nur sechs Monate, selten länger als zehn. Viele von ihnen laufen ihr Rennen in wenigen Wochen gleichsam aus dem Stand, nämlich vom Samen im Freiland bis zu den ersten Blüten. Dagegen verschaffen wir den etwas anspruchsvolleren Gästen aus wärmeren Weltgegenden den nötigen Vorsprung durch einen »fliegenden Start« in unserem Garten, indem wir sie schon in den letzten Wintermonaten oder im Frühjahr an geschütztem Platz vorziehen.

Die sogenannten Zweijährigen brauchen für ihren Lauf vom Samen zur Blüte nicht grundsätzlich mehr Zeit als die Einjährigen, wenn man ihre winterliche Ruhezeit abzieht. Doch keimen sie erst im Hochsommer und überwintern als frostharte Pflanzen im Freiland, um dann im nächsten Frühsommer zu blühen und Samen zu bilden. Ihr Lebenskreis hat also bei auch nur einjähriger Dauer an jeweils zwei aufeinanderfolgenden Vegatationsperioden teil.

Die meisten Sommerblumen blühen – dank der dahin zielenden züchterischen Bemühungen – sehr reich und ausdauernd, vielen setzt erst ein Nachtfrost ihr Lebensende. Die Pflanzengröße gibt keinen Anhaltspunkt, den Sommerflor von den Stauden zu unterscheiden. Nur im Durchschnitt werden die Stauden größer. Doch kennen wir sehr kleine Stauden, wie etwa die Veilchen, und überaus große Einjährige, wie z. B. die bis zu drei Meter hohe Sonnenblume.

EINJAHRESBLUMEN FÜR DIE AUSSAAT INS FREILAND
(alphabetisch)

Adonisröschen (Adonis aestivalis)
Blutströpfchen, Sommer-Adonisröschen
Hahnenfußgewächs

Auf magerem Trockenrasen blüht das bei uns äußerst selten gewordene Frühlings-Adonisröschen (Adonis vernalis). Es genießt vollkommenen Schutz. Seine goldgelben, großen Blüten öffnen sich nur unter Sonnenschein. Diese sehr niedrige Art kann auch im Garten gezogen werden – als Staude. Sie blüht im April und Mai.

Unser **Sommerblutströpfchen** blüht dagegen in tiefem Blutrot mit schwarzem Blütengrund. Als Wildblume gedeiht das Sommerblutströpfchen vor allem in den Mittelmeerländern. Seinem Wildblumencharakter entsprechend öffnet auch das Sommerblutströpfchen des Gartens seine besonders auffallenden Blütensterne nur für kurze Zeit während des Hochsommers. Es gibt außerdem eine gelbe Varietät.

Die Pflanze wird dreißig bis fünfzig Zentimeter hoch und stellt keine besonderen Bodenansprüche. Sie ist winterfest, man kann sie sowohl im März und April als auch schon im Herbst aussäen. Man sät in Reihen und vereinzelt später auf gut fünfzehn Zentimeter Abstand. Im Herbst gesäte Pflanzen blühen früher. Das Sommer-Adonisröschen eignet sich mit seinen geschlitzten Blättern nicht zur bodenschließenden Flächenbedeckung, es wirkt sehr reizvoll in gelber oder weißer Blütenumgebung. Es ist sonnenbedürftig und sollte nicht von größeren Pflanzen überragt werden.

Atlasblume (Godetia)
Sommerazalee
Nachtkerzengewächs

Die großblütige Sommerazalee stammt aus Nordamerika. Von den vielen dort heimischen Arten fanden einige in unseren Gärten Verbreitung. Ihre besonders zarten Blüten schimmern in vielen Pastelltönen von Weiß über Rosa und Orange bis Violett und erreichen einen Durchmesser bis acht Zentimeter. Je nach Art und Sorte wird die Godetie zwanzig bis achtzig Zentimeter hoch. Sie schätzt einen sonnigen Standort und gut durchwärmten, humusreichen Boden.

Man kann sie in günstigen Lagen schon ab Ende März ins Freiland aussäen und später auf fünfzehn Zentimeter Abstand auslichten. Die Atlasblume öffnet ihre Blüten ab Juni. Mit gestaffelten späteren Aussaaten bis Ende Mai bekommt man Blüten bis in den Herbst hinein.

Godetien eignen sich wegen ihrer zarten und doch leuchtenden Farben gut für größere Flächen und als üppige Schnittblumen.

Chrysantheme (Chrysanthemum)
Ring-Wucherblume, Sommer-Margerite
Korbblütler

Man müßte einen sehr großen Garten bepflanzen, um alle Sorten der Chrysantheme, die weltweit gezogen werden, anbauen zu können – es sind an die fünftausend. So kennt man zahlreiche einjährige Chrysanthemen, die zum schönsten Bestand unserer Sommerblumen gehören, Halbsträucher von den Kanarischen Inseln, die bei uns nicht überwintern können, winterharte Stauden (Grönlandmargerite) und schließlich die Gärtner-Chrysanthemen. Ihre Blütenformen und -farben scheinen unerschöpflich zu sein, ein-, zwei-, drei-, vier-, fünffarbig, bis zur Kugelform gefüllt oder von langen Strahlen umrahmt (Spinnen-Chrysantheme).

Die Kulturformen der Chrysantheme kamen erst im 17. Jahrhundert aus dem Fernen Osten nach Europa. Chrysanthemenausstellungen wurden schon im 3. Jahrhundert nach Christus in China veranstaltet, noch heute feiert man Chrysanthemenfeste in Japan, eine Chrysantheme ziert das Wappen der japanischen Kaiserfamilie. Unsere besonders reizvolle Ring-Wucherblume (C. carinatum) fällt durch gelbe und rote Ringe um den schwarzvioletten Blütenkorb auf, umrahmt vom reinen Weiß der dichten Blütenblätter. Die Pflanze verzweigt sich reich und wird bis zu achtzig Zentimeter hoch.

Chrysanthemen passen ihre Entfaltung an den Boden an: Bei großem Reichtum an Nährstoffen blühen sie besonders üppig, aber auch besonders lang. Ihre Pracht entfaltet sich um so stärker, je öfter sie geschnitten werden. Als Schnittblumen halten sie sich bis zu vier Wochen in der Vase.

Die Sommer-Chrysantheme wird ab April ins Freiland gesät, die Jungpflanzen verzieht man auf dreißig Zentimeter Abstand. Für ihre gute Entwicklung brauchen Chrysanthemen viel Sonne und durchfeuchteten Boden. Anhaltende Trockenheit vertragen sie schlecht. In sehr günstigen Lagen sät man schon im März aus, doch empfiehlt es sich für eine frühe Blüte, zunächst in Kästen oder ins Frühbeet zu säen. Man bringt die herangewachsenen Pflänzchen dann Anfang Mai an ihren Platz im Freien.

Chrysanthemen sind empfindlich gegen Blattlausbefall. Es hat wenig Sinn, sie auf schlechten Böden anzubauen.

Edelwicken (Lathyrus odoratus)
Wohlriechende Wicke, Duftwicke
Schmetterlingsblütler (Leguminose)

Aus botanischer Sicht ist die Duftwicke keine echte Wicke aus der gleichnamigen Gattung (Vicia), wie etwa die Nutzpflanze Saubohne, sondern zählt zur Gattung der Platterbsen. Aus der wilden

Eine von vielen Chrysanthemen Chrysanthemum segetum »Prado«.

Die üppig sich entfaltenden Wicken eignen sich gut, einen Zaun zu verstecken.

Wickenblüten in schwarz-violett . . .

. . . und feuerrot.

Stammform unserer Edelwicken, die im warmen Süden Italiens beheimatet ist, wurden die heutigen Kulturformen in Nordwesteuropa, vor allem in England gezüchtet. Als Ausgangsmaterial dienten Wickensamen, die ein Pater namens Francesco Cupani im Jahre 1699 nach Amsterdam und England schickte. Durch Zuchtwahl vergrößerte man dort die Blüten, und es gelang mit Ausnahme des Türkisblau, alle Farben des Regenbogens zu erzielen. Diese Farbenpracht von reinem Weiß bis zum tiefen Purpurbraun steht uns heute in Mischungen zur Verfügung.

Ein weiterer Vorzug der einjährigen Duftwicke ist ihr süßer Duft, der den mehrjährigen Staudenwicken fehlt. Die Duftwicken sind unermüdliche Ranker. Aus geflügelten Stengeln sprießen gestielte Blattpaare, die jeweils eine Ranke einschließen. Einige Sorten erreichen Kletterhöhen von zwei Metern. Sie eignen sich deshalb gut für farbenprächtige Verkleidungen von Wänden und Gerüsten. Man kann auch Röhren oder Würfel aus Maschendraht formen und sie von den Wicken mit Leben überziehen lassen. Man wählt dafür einen sonnigen, windgeschützten Standort. Überdies eignen sich die Wickenblüten vorzüglich als reizvolle Schnittblumen, zumal es auch zweifarbige Sorten gibt. Die Edelwicke dankt uns den Schnitt noch mit vermehrter Blütenfülle. Auch das Entfernen der Samenansätze treibt die Pflanze zu neuem Blühen.

Bei solcher Entfaltung brauchen die Wicken einen nährstoffreichen Boden, was man durch kräftige Kompostgaben erreicht. Wie viele Leguminosen wurzelt die Edelwicke sehr tief. Trotzdem sollte man mit Gießen nicht sparsam sein. Sie dankt uns solche Pflege nicht nur mit üppiger Entfaltung, sondern auch mit einer Anreicherung des Bodens an Stickstoff (durch Knöllchenbakterien).

An geschützten Plätzen des Gartens kann man schon ab Anfang April ins Freiland säen. Man legt die Körner einzeln im Abstand von zehn Zentimetern und bedeckt sie gut mit Erde. Natürlich ist eine Vorzucht möglich, aber wegen der starken Wurzelentwicklung sollte man nur mit Ballen aussetzen. Wer mehr Wert auf dichte Büsche als große Rankhöhen legt, zwickt die Triebspitzen ab, sobald sich einige Blattpaare entwickelt haben. Selbstverständlich kann man Wicken in Pflanzgefäße setzen, um Hauswände, Terrassensäulen oder Rankgerüste damit zu schmücken. Man sollte den Pflanzen immer die Sonnenseite einräumen.

Es gibt niedrige Buschsorten für Rabattenränder und Balkonbepflanzung.

Flockenblume (Centaurea)
Kornblume
Korbblütler

Die früher als Ackerunkraut weit verbreitete Kornblume (Centaurea cyanus) ist durch den Einsatz giftiger Pflanzenschutzmittel eine seltene Wildblume unserer Heimat geworden. Ihr tiefes, reines Blau wird nur von wenigen anderen Blumen erreicht. Die Acker-Kornblume stellt eine Art unter zahlreichen anderen Wildblumenarten der Gattung Flockenblume dar. Jeder kennt die weit verbreitete, blaßviolette Wiesen-Flockenblume; der Kornblume ähnlicher ist die zerstreut auf Bergwiesen wachsende Berg-Flockenblume.

Die **Garten-Kornblume** gibt es in vielen Farben: Blau, Violett, Rosa, Rot und Weiß. Man erhält einfache und gefüllte, einstengelige und reich verzweigte sowie wohlriechende Arten und Sorten. In der Regel bezeichnet man nur die cyanblaue Art Centaurea cyanus als Kornblume, die übrigen zahlreichen Kulturformen entsprechend ihrer Gattung als **Flockenblumen**.

Die einjährigen Kulturformen der Flockenblume erreichen zwischen fünfzig und achtzig Zentimeter Höhe, die Zwerg-Kornblume bleibt bei zwanzig Zentimeter Höhe.

Als Kulturformen einheimischer Arten sind die Flockenblumen recht unempfindlich und gut an unser Klima angepaßt. Sie gedeihen auf jedem Gartenboden, brauchen aber volle Sonne. Man sät sie im April und Mai ins Freiland und verzieht später auf etwa dreißig Zentimeter Abstand. Flockenblumen blühen ausdauernd ab Juli, je nach Aussaat bis in den Spätherbst. Da sie winterhart sind, kann man sie auch wie Zweijährige erst im Spätsommer aussäen, sie blühen dann im nächsten Frühjahr und Frühsommer.

Flockenblumen eignen sich gut für den Schnitt, wenn man die verblühten Blumen regelmäßig entfernt, verlängert man die Blühzeit der Pflanzen.

Da verhältnismäßig wenige Gartenblumen in reinem Blau blühen, sollte man die Kulturformen der Kornblumen wieder stärker in die Gartengestaltung einbeziehen, zumal die Acker-Kornblume weitgehend aus unseren Landschaften verschwand.

Die formenreiche Gattung Flockenblume enthält Stauden verschiedener Blütenfarben mit Pflanzenhöhen bis zu 150 Zentimeter. Mehrjährig ist auch die Kulturform der Bergflockenblume. Sie wird nur dreißig Zentimeter hoch und wächst gut im Steingarten. Allen Flockenblumen ist gemeinsam, daß sie in unserem Garten sehr wenig Pflege brauchen. Man muß ihre Verbreitung sogar oft eindämmen, weil sie zum Fortwuchern neigen. Die im Spätsommer ausgesäten einjährigen Flockenblumen sollte man über den Winter mit Reisig abdecken.

Fuchsschwanz (Amaranthus)
Fuchsschwanzgewächs

Der aus den tropischen Teilen Afrikas und Asiens stammende Fuchsschwanz gelangte im 16. Jahrhundert in europäische Gärten. Die zottigen Blüten, das kräftige, fast derbe Laubwerk und die Buschformen bis 150 Zentimeter Höhe verleihen dem Fuchsschwanz das Erscheinungsbild einer Staude, doch sind alle Arten und Sorten einjährig.

Die meisten Arten blühen purpurrot, daneben gibt es goldgelbe, orangefarbene und violette Blütenstände. Bei uns werden vor allem zwei Arten kultiviert: der **Garten-Fuchsschwanz** (A. caudatus)

Goldlack ▷

mit hängenden, dunkelroten Blütenrispen und sechzig bis hundert Zentimeter Pflanzenhöhe, sowie der **Dreifarbige Fuchsschwanz** (A. tricolor) mit grünlichen Blütenbüscheln. Seinen Hauptschmuck bilden die schön gezeichneten Laubblätter in Grün, Braun und Rot. Sowohl verschiedene Blüten- als auch verschiedene Blattfarben treten je nach Sorte bei dem bis 150 Zentimeter hohen und dabei dichten Strauch von A. paniculatus auf, dessen Blütenstände nicht hängen, sondern aufrecht stehen.

Entsprechend ihrer teilweise recht großräumigen Entfaltung brauchen die Fuchsschwanzarten nährstoffreichen Humusboden an unbeschattetem Standort. Im Gegensatz zu den bisher aufgeführten Sommerblumen sind diese tropischen Gewächse ausgesprochen frostempfindlich. Trotzdem kann man sie ohne Vorkultur anbauen, wenn man ab Mitte Mai in den dann schon gut durchwärmten Boden des Freilandes sät. Je nach Art verzieht man die Jungpflanzen später auf dreißig bis vierzig Zentimeter Abstand. Besonders bei den heranwachsenden Pflanzen sollte man auf immer gut durchfeuchteten Boden achten. Der Dreifarben-Fuchsschwanz liebt kalkhaltige Erde. Steht er zu trocken, entwikkeln seine Blätter nicht die erwartete Fülle und Farbigkeit.

Die herbe, manchmal etwas düstere Schönheit der verschiedenen Fuchsschwanzarten bringt Festigkeit und eine gewisse Schwere in den Blumengarten – ein erwünschter Gegensatz zum duftigleichten Blütenflor der Einjährigen.

Durch Vorkultur junger Fuchsschwanzpflanzen im Kasten oder Frühbeet erzielt man frühere Blüten, bei Freilandaussaat blüht der Fuchsschwanz von Juli bis Oktober.

Goldlack (Cheiranthus cheiri)
Kreuzblütler

Die Familie der Kreuzblütler enthält nicht nur alle unsere Kohlarten, Rettiche und Radieschen, sondern auch eine der ältesten europäischen Gartenblumen, den Goldlack. Im Altertum verwendete man dieses Kraut als Heilpflanze sowie als Schmuck für religiöse und weltliche Feste.

In den Mittelmeerländern finden wir Wildformen des Goldlacks als zwei- und mehrjährige Pflanzen mit behaarten Blättern und kleinen Blütentrauben auf steinigem, trockenem Standort. Andere Goldlackarten kommen in Nordafrika, Ostasien und Nordamerika vor.

Die meisten Kultursorten bleiben unter fünfzig Zentimeter Höhe und blühen in leuchtend warmen Farben: Gelb, Orange, Rot und Rotbraun, seltener Violett, es gibt einfache und gefüllte Blüten.

Die Sorten über fünfzig Zentimeter Höhe faßt man als **Stangengoldlack** zusammen, die niedrigeren als **Buschgoldlack, Zwerggoldlack** bleibt unter dreißig Zentimeter Höhe.

Goldlack stellt nur geringe Bodenansprüche. Er gedeiht sowohl in sandiger als auch in lehmiger Erde und braucht kaum Pflege.

Üblicherweise zieht man Goldlack zweijährig. Man sät ihn im Oktober ins Freiland, schützt die jungen Pflanzen durch Abdekkung vor Wind und Kälte und kann sich in milden Lagen schon ab April an seiner reichen Blütenpracht erfreuen.

Einjahrs-Goldlack sät man im April ins Freiland und vereinzelt die Jungpflanzen auf zwanzig Zentimeter Abstand. Die Blütezeit beginnt im August und endet erst im Oktober.

Goldmohn (Eschscholtzia californica)
Eschscholtzie
Schlafmützchen
Mohngewächs

Der Goldmohn stammt aus der Neuen Welt. Unsere Kulturform gibt es nicht nur in satt leuchtendem Gold, sondern auch in Gelb, Rosa und Dunkelrot. Eigentlich handelt es sich um eine Staude, die man aber gewöhnlich als einjährige Sommerblume anbaut. Ihre Blüten erreichen bis zu acht Zentimeter Durchmesser, die Pflanze wird bis vierzig Zentimeter hoch.

Wie der Gartenmohn, bildet die Eschscholtzie ihre zarten Blüten aus vier breiten, sich überlappenden Kronblättern. Gartenflächen, auf denen Goldmohn wächst, bieten zur Blütezeit von Juni bis Oktober wechselnde Anblicke: Bei trübem, bedecktem Wetter sieht man das eher stumpfe Grün der fiederteiligen Blätter, bei Sonnenschein öffnen sich die Blüten und tauchen das Beet in warmes Goldorange. Doch blüht die Eschscholtzie nur etwa von zehn Uhr vormittags bis vier Uhr nachmittags, was ihr den Namen Schlafmützchen einbrachte.

In ihrer Heimat bekommt die Eschscholtzie mehr Wärme und Sonne als bei uns, man sollte ihr deshalb einen unbeschatteten Platz gönnen und nur sparsam gießen. Sie bevorzugt einen eher leichten, aber tiefgründigen und nährstoffreichen Boden. Die Verwandtschaft mit unserem Mohn zeigt sich bei der Eschscholtzie auch in der Pfahlwurzel, die sie ausbildet; wie dieser läßt sie sich nicht mehr versetzen – es sei denn mit ganzem Wurzelballen.

Man sät den Goldmohn schon ab März an seinen endgültigen Standort und bringt die Pflanzen später auf einen Abstand von etwa 25 Zentimeter. Er bedarf kaum einer Pflege und sät sich auch selbst aus. Schatten, Wind und andauernde Nässe sind seine Feinde.

Für den Garten gibt es noch eine Reihe Sorten in verschiedenen Farben, manche mit gefüllten Blüten, teils kleinwüchsiger, teils höher. Goldmohn eignet sich gut für Einfassungen, Lücken in Staudenbeeten und als ein- oder mehrfarbige Blütenteppiche für sonnige Plätze.

Kapuzinerkresse (Tropaeolum)
Kapuzinerkressengewächs

Mit Garten- oder Brunnenkresse verbindet dieses reich blühende Gewächs aus Südamerika keine verwandtschaftliche Beziehung, doch schmecken seine grünen Blätter deutlich nach Kresse. Man

Kapuzinerkresse am Fenster (zwischen Petunien) und im Garten.

kann sie als Würzkraut und Salatzusatz verwenden. Ihre annähernd runden Blätter mit dem kennzeichnenden Stielansatz inmitten der Blattfläche machen sie zu einer unverwechselbaren Pflanze.

Die meisten Arten und Sorten des Gartens sind einjährig. Die rankende Art **Guck-über-den-Zaun** (Tropaeolum majus) schickt ihre kletternden Sprosse bis zu vier Meter weit oder hoch, entwickelt gleichzeitig eine üppige Begrünung und blüht etwa ein Vierteljahr lang, nämlich von Juli bis Oktober ununterbrochen. Seine langgespornten Blüten spielen von warmem Rot bis Goldgelb.

Solche Wuchsfreudigkeit kann man nutzen, um Balkonbrüstungen, Mauern und Wände mit dem lebhaften Farbdreiklang Grün, Rot und Gelb überziehen zu lassen. Die Kapuzinerkresse braucht Halt für ihre nur locker zugreifenden Ranken in Form von Drähten oder Spalierstangen. Ebenso eifrig bedeckt diese Art große Bodenflächen und da sie überdies keine großen Ansprüche an die Erde stellt, kann man sie an fast jedem sonnigen Platz sich ausbreiten lassen. Die Kapuzinerkresse zieht Blattläuse und Kohlweißlinge an. Man setzt sie im biologischen Gartenbau gern auf die Baumscheiben der Obstbäume oder als sogenannte Fangpflanzen in den Nutzgarten.

Die **Zwerg-Kapuzinerkresse** (Tropaeolum majus »Nanum«) rankt nicht, sondern wächst aus eigener Kraft bis zu dreißig Zentimeter hoch, man kann mit ihr eine anmutige Sommerhecke bilden, wenn man mehrere Reihen hintereinander sät – Pflanzenabstand etwa 25 Zentimeter. Die Farben der Zwerg-Kapuzinerkresse reichen von Gelb über Gold bis Scharlach.

Kapuzinerkresse liebt einen sonnigen Stand, begnügt sich aber auch mit teilweiser Beschattung. Besonders die Art Tropaeolum peregrinum (Tr. canariensis) gedeiht gut im Halbschatten. Sie unterscheidet sich von den genannten Arten durch feingefiederte Blätter und kanariengelbe Blüten.

Die Kapuzinerkresse wächst so üppig, daß man von Zeit zu Zeit einen Teil ihrer jungen Blätter als schmackhaftes Würzkraut ernten kann, ohne der Pflanze zu schaden. Darüber hinaus ergeben die Blütenknospen, in Essig gelegt, einen brauchbaren Kapernersatz, ebenso die jungen, noch nicht ausgereiften Samen.

Die Kapuzinerkresse, das genügsame und dankbare »Mädchen für alles«, gibt hübsche Schnittblumen ab, besonders, wenn man nur wenige Blüten mit einigen der dunkelgrünen Laubblätter in eine kleine Vase stellt.

Kapuzinerkresse sät man Anfang Mai, in rauhen Lagen erst nach den letzten starken Nachtfrösten ins Freiland. Man steckt alle zehn Zentimeter eines der großen Samenkörner in die Erde und sorgt für gleichmäßige Befeuchtung, bis sich die Jungpflanzen gut verwurzelt haben. Eine Vorzucht ist im allgemeinen nicht nötig, doch kann man für frühes Blühen auf Terrasse und Balkon in Kästen oder Töpfen Jungpflanzen heranziehen.

Klarkie (Clarkia unguiculata, Clarkia elegans)
Sommerfuchsie
Nachtkerzengewächs

Die Blütenfarben der Klarkie umfassen Rosa, Karmin und verschiedene Violettöne. Sie erinnern an kleine Rosen und duften zart. Die Pflanze wird bis zu sechzig Zentimeter hoch und gedeiht auf humoser Gartenerde. Man sät sie im April an ihren endgültigen Standort – er sollte gut besonnt sein – und verzieht später auf 25 Zentimeter Pflanzenabstand. Für kräftigeres Wachsen kann man die Jungpflanze einmal zurückschneiden.

Die Klarkie blüht vom Hochsommer bis in den Herbst. Will man ihre Blüten schon im Frühsommer, muß man sie in Kästen vorziehen. Gute Schnittblumen.

Es gibt vier weitere Arten, darunter eine sehr niedrige (Clarkia pulchella), die man zur Bodenbedeckung breitwürfig sät.

Anhaltenden Regen ertragen die zarten Blüten der Klarkie schlecht. Auch gegen Wind sind sie empfindlich. Gefüllte Sorten werden durch ein dem wissenschaftlichen Namen nachgestelltes fl. pl. gekennzeichnet.

Lupine (Lupinus)
Wolfsbohne
Schmetterlingsblütler (Leguminose)

Wilde Lupinen wachsen in Südeuropa, aber auch in der Neuen Welt, zum Beispiel in Mexiko. Von dort stammt die in unseren Gärten sehr beliebte Kulturform Lupinus hartwegii.

Hoher Eiweißgehalt der grünen Pflanze und die den Schmetterlingsblütlern eigene Fähigkeit, Symbiosen mit Bakterien einzugehen, die Luftstickstoff binden (Knöllchenbakterien an den Wurzeln), machen die Lupine zu einer wichtigen Gründüngungspflanze in der Landwirtschaft. Die schnell herangewachsene, umfangreiche Pflanzenmasse wird untergepflügt und wirkt bei ihrer Verrottung wie eine Flächenkompostierung.

In Gegenden, wo viel Lupinen angebaut werden – sie liebt kalkarme und eher leichte Böden –, schätzt man sie als Gartenschmuck verständlicherweise weniger als sie es verdient. Sowohl ihre hohen, in vielen Farben leuchtenden Blütentrauben als auch die üppig sich entfaltenden, sternförmig geteilten Blätter bilden besonders für den großräumigen Garten einen leicht heranzuziehenden Schmuck.

Seit es gelungen ist, sogenannte Süßlupinen zu züchten, deren Samen weniger Alkaloide enthalten und deshalb nicht mehr bitter schmecken, werden die großen eiweißreichen Samenkörner nicht mehr nur als Viehfutter, sondern auch als Rohstoff für Nahrungsmittel verwendet, zum Beispiel um Kaffee-Ersatz herzustellen. Die rundlichen Samenkörner stecken in kleinfingerlangen Hülsen, ihre Durchmesser betragen etwa einen Zentimeter.

Die Kulturformen der Lupinen stehen in vielen Farben zur Verfügung. Neben den Grundfarben der **Weißlupine** (L. albus), der **Blauen** oder **Schmalblättrigen Lupine** (L. angustifolius) und der **Gelben Lupine** (L. lutius), eine Süßlupine, deren goldgelbe Blüten nach Veilchen duften und violette Spitzen zeigen, entfalten vor allem die **Lupinen-Hybriden** alle nur denkbaren Farbstufen von zart durchscheinenden Tönen bis zum tiefen Dunkelblau und Violett. Sie alle sind einjährig und blühen zwischen Juni und Oktober. Die größten Sorten erreichen 120 Zentimeter Höhe.

Auch in kleineren Gärten braucht man auf die dankbaren und bodenverbessernden Lupinen nicht zu verzichten. Die gleichfalls einjährige **Zwerglupine** (L. nanus) bleibt unter dreißig Zentimeter und ist wie ihre größeren Schwestern in zahlreichen Farben erhältlich.

Die bei den Hybriden erzielten Zwischenfarben – es gibt unter ihnen Sorten mit mehrfarbigen Blüten – können durch selbst gezogenen Samen nicht farbecht vermehrt werden. Diese Pflanzen fallen dann wieder in ihre Grundfarben zurück. Im übrigen sind die Lupinen recht widerstandsfähige Pflanzen mit guter Anpassung an unser mitteleuropäisches Klima, die selbst kühle Regenzeiten gut überstehen. Verwilderte Lupinen kann man bei uns noch in über tausend Meter Meereshöhe auf Bergmatten finden.

Einjährige Lupinen sät man im April ins Freiland, am besten breitläufig und nicht zu dicht. Gegebenenfalls muß man später noch verdünnen.

Die mehrjährigen Lupinenstauden gibt es gleichfalls in vielen Sorten, unter ihnen steht eine große Auswahl an Farben zur Verfügung.

Mädchenauge (Coreopsis, Calliopsis)
Schöngesicht
Korbblütler

Die Gattung Mädchenauge enthält über hundert wildwachsende Arten in der Neuen Welt und im tropischen Afrika. Die besonders dankbaren Kulturformen werden in unseren Gärten als formenreiche Sommerblumen und Stauden verschiedener Größe angebaut. Die niederen Sorten der Einjährigen reichen von fünfzehn bis dreißig Zentimeter, die hohen werden bis zu hundert Zentimeter groß.

Es gibt einfarbig gelbe, zweifarbige und dreifarbige Sorten des Mädchenauges, bei C. cardaminifolia bilden die inneren roten Abschnitte der acht Strahlenblüten (»Blumenblätter«) einen gezackten, gelb umrahmten Kreis. Ein braunrotes »Auge« zeigen die goldgelben Blüten von C. tinctoria.

Kaum eine andere Sommerblume, die aus wärmeren Ländern zu uns kommt, stellt so wenig Ansprüche an den Boden wie das Mädchenauge. Es gedeiht noch auf sandigem Grund und auf trockenen

Steinbeeten. Dabei erfreuen uns diese Pflanzen mit einer besonders langen Blühzeit von Juni bis Oktober. Man sieht schon ihren schmalen Laubblättern an, daß sie viel Sonne brauchen. Unter dieser Bedingung entfalten sie Blüte an Blüte und geben immer ein harmonisches, fröhliches Bild. Den größten Kontrast zeigen die Sorten mit dunkelbraunem Blütengrund und leuchtend gelben äußeren Abschnitten der Zungenblüten.

Man sät erst nach den letzten Frösten, also ab Mitte Mai, ins Freiland und vereinzelt die jungen Pflanzen großer Sorten auf 25 Zentimeter Abstand. Man kann für schnellere Entfaltung im Frühbeet ab April vorziehen oder noch früher im Zimmer. Man wird mit dieser anspruchslosen Pflanze sogar auf einem nur wenig humosen oder leichten Boden guten Erfolg haben; das gleiche gilt für die Stauden dieser so reich blühenden Gattung.

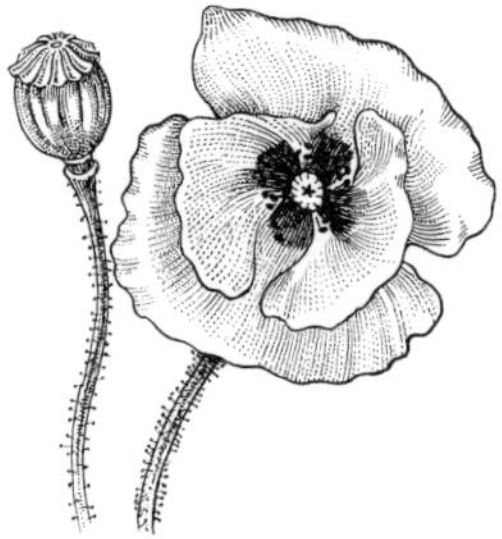

Mohn (Papaver)
Mohngewächs

Die Anfänge der Verbindung Mensch und Mohn verlieren sich für uns in der Frühgeschichte. Im Orient war der Gebrauch des Opiums, das aus dem Milchsaft der unreifen Samenkapsel gewonnen wird, weit verbreitet, um Betäubungs- und Rauschzustände hervorzurufen. Und die Vorfahren der Eidgenossen, in deren Pfahlbauten an Schweizer Seen Mohnkapseln gefunden wurden, dürften diese Pflanze nicht zum Bestreuen ihrer Brötchen mit Mohnsaat, sondern des Opiums wegen angebaut haben. Mohnsamen enthält kein Opium.

Aus dem Milchsaft des **Schlafmohns** (Papaver somniferum) gewinnt man eine ganze Reihe Wirkstoffe für medizinische Anwendung. Doch bereitet man auch aus den Kronblättern des Klatschmohns, eine früher weit verbreitete Wildpflanze unserer Äcker, ein Beruhigungsmittel.

Gerade der Schlafmohn ist eine unserer reizvollsten und zartesten Sommerblumen, dessen Sorten viele Blütenfarben hervorbringen. Wer Kinder hat, muß darauf achten, daß der Milchsaft der halbreifen Samenkapseln, aber auch der Stengel und Blätter nicht aufgenommen wird. Er kann, so heißt es, sogar tödlich wirken.

Für den Blumengarten kommen unter den einjährigen Mohnarten außer dem Schlafmohn, der fünfzig bis sechzig Zentimeter hoch wird, der scharlachrote **Tulpenmohn** (P. glaucum) von etwa gleicher Höhe und der **Klatsch-** oder **Klappermohn** (P. rhoeas) in zahlreichen Sorten und Farben, auch gefüllt, in Frage. Besonders schöne Farben bringt der **Seiden-** oder **Shirleymohn** hervor, unter ihnen Weiß, verschiedene Rosatöne, Karmin, Scharlach und Zinnober. Es gibt außerdem gelbe Mohnarten, zum Beispiel den niedrigen **Pyrenäenmohn,** jedoch keine blaublütigen.

Die leuchtend bunte, aber gleichzeitig so zartblütige und vergängliche Schar der einjährigen Mohnpflanzen bringt eine rechte Sommerstimmung in den Garten. Mohn liebt eher leichte, sogar sandige, aber tiefgründige Böden, die er für seine Pfahlwurzel braucht, deshalb kann man ihn nicht versetzen. Man sät ihn ab März an Ort und Stelle ins Freiland. Seine tiefreichende Wurzel läßt ihn Trockenheit gut ertragen. An den Nährstoffgehalt des Bodens stellen die einjährigen Mohnarten keine besonderen Ansprüche, doch brauchen sie einen sonnigen Stand. Je nach Art vereinzelt man die jungen Pflanzen auf dreißig bis vierzig Zentimeter Abstand.

Der Mohn blüht im Hochsommer, seine Blühzeit ist kürzer als die der meisten anderen Sommerblumen. Sät man ihn im Herbst aus, so hat man im nächsten Jahr früher Blüten. Die Zeit reicht dann noch für das Nachpflanzen von Astern, so daß sein Platz nicht blütenleer bleibt.

Unter den mehrjährigen Mohnarten sind vor allem der nur zwanzig Zentimeter hoch werdende **Alpenmohn** (P. alpinum) des Steingartens und der sortenreiche **Islandmohn** (P. nudicaule) zu nennen, der in vielen leuchtenden Farben erhältlich ist. Er kann ein- oder zweijährig kultiviert werden.

Zu einer überaus stattlichen Staude von 150 Zentimeter Höhe kann sich der **Türkenmohn** (P. orientale) entwickeln und viele Jahre lang auf gleichem Platz prächtige Blüten hervorbringen, je nach Sorte von Feuerrot bis Orange.

Mohn ist in vielen Farben und Größen erhältlich.

Portulakröschen (Portulaca grandiflora)
Portulakgewächs

Die Familie der Portulakgewächse ist in den Tropen der Alten und Neuen Welt zu Hause. Der Name leitet sich von dem lateinischen Wort portula, das Türchen, ab, weil die Fruchtkapseln des Portulakröschens durch ein Deckelchen verschlossen sind. Die Wildform unseres Portulakröschens ist in Südamerika zu Haus.

Seine Kulturformen erblühen in unwahrscheinlich vielen und reizvollen Farbstufen, die durch den Seidenglanz der Kronblatt-Innenseiten besonders zur Geltung kommen. So gibt es rein weiße, cremig getönte, strohgelbe, goldgelbe, orangerote, altrosa, feuerrote, blaßviolette und dunkelviolette Blüten. Sie öffnen sich allerdings nur unter vollem Sonnenschein.

Die Pflänzchen werden höchstens zwanzig Zentimeter hoch. Sie brauchen lockeren, eher leichten und nicht zu feuchten Boden. Sie gedeihen auch gut auf dem Steinbeet. Man sollte die Portulakröschen dort einplanen, wo man sie aus der Nähe sehen kann, denn der zarte Reiz ihrer Blüten, die einen Durchmesser von zwei bis vier Zentimeter erreichen, ist nicht auf Fernwirkung angelegt. Nährstoffreiche Böden und Düngung beeinträchtigen die Blühfreudigkeit dieser Pflanzen, vor allem brauchen sie einen warmen, windgeschützten Platz unter voller Sonne.

Man kann Portulak im Mai gleich ins Freiland aussäen; der feine Samen wird leicht angedrückt und mit gesiebter Erde überrieselt. Nur zum Keimen sollte die Saat etwas feucht gehalten werden.

Portulakröschen werden ab März ins Frühbeet gesät; die Pflanzen eignen sich gut für Balkonkästen und flache Schalen für die Terrasse. Man sollte sie nach Möglichkeit südseitig aufstellen.

Das Portulakröschen hat einen nahrhaften Verwandten, den Kohlportulak (Portulaca oleracea). Ursprünglich aus Westasien stammend, wächst dieses Pflänzchen heute auch in Südeuropa wild auf trockenen, steinigen Plätzen, sogar in Mauerritzen und zwischen Wegsteinplatten der Orte. Man verwendet die fleischigen Blattrosetten der kriechenden Pflanze als Würzkraut, Suppenkraut, Gemüse und roh als Beimischung zu Salaten. In Essig eingelegt, galten sie als gutes Mittel gegen den Skorbut. Kohlportulak wurde früher häufig in Kräutergärten und auf Gemüsebeeten gezogen. Heute ist er etwas aus der Mode gekommen.

Reseda (Reseda odorata)
Wau
Resedengewächs

In dem wissenschaftlichen Gattungsnamen steckt das lateinische Wort heilen, beruhigen. Odorata heißt die Duftende. Was unserer Gartenreseda an Größe, Farbigkeit und Leuchtkraft der Blüten fehlt, macht sie durch ihren ungemein süßen Duft mehr als gut. Obwohl schon der altrömische Dichter Plinius die Reseda rühmte, setzte sie sich in mitteleuropäischen Gärten erst vor gut zweihundert Jahren durch. Wahrscheinlich war es der Duft dieser Pflanze, der die Ägypter veranlaßte, Reseden den königlichen Mumien in ihren Grabkammern beizulegen. Als Heilpflanze soll sie krampflösend wirken.

In Mitteleuropa erlangte die **Färber-Reseda** (R. luteola) eine große Verbreitung, weil man aus ihr einen gelben Textilfarbstoff gewann. Diese zweijährige Art blüht im Hochsommer.

Auch die **Garten-Reseda** gibt es in ein-, zwei- und mehrjährigen Sorten. Für duftende Beetränder bevorzugt man niedere Varietäten bis dreißig Zentimeter Höhe, andere werden doppelt so hoch. In den letzten Jahren gelang es, großblütige Reseden, wie »Grandiflora Goliath« mit roten Staubgefäßen oder »Rubin« mit dunkelroten Blüten, zu züchten. Man bringt etwas mehr Farbe in die eher unscheinbaren Blüten, wenn man Prachtmischungen wählt. Die Blütenstände der Reseda wirken reizvoll als Gegensatz zu den oft großen und starkfarbigen Blüten des übrigen Sommerflors. Sie locken überdies besonders viele Bienen an.

Die Garten-Reseda gedeiht gut auf nährstoffreichem Lehmboden. Kräftige Humusgaben dankt sie mit längerer Blühzeit. Reseden lieben volle Sonne, doch ertragen sie auch Halbschatten. Stauende Nässe bekommt ihnen schlecht.

Man sät ab April ins Freiland und verzieht später auf fünfzehn Zentimeter Pflanzenabstand. Sie blühen dann zwischen Juni und September. Zusammen mit anderen Sommerblüten eignen sich die stämmigen Blütentrauben der Reseda als Schnittblumen, zumal sie selbst dann noch ihren süßen Duft verströmen.

Der Versuch, Resedablüten während der kalten Jahreszeit im Haus zur Entfaltung zu bringen, gelingt meist, wenn man im August in Töpfe aussät, die man im Herbst ins Zimmer stellt.

Ringelblume (Calendula)
Korbblütler

Unsere allbekannte Ringelblume stammt aus den Mittelmeerländern, wo es viele ein- und zweijährige wildwachsende Arten gibt. Man baute sie schon zur Zeit der Kreuzzüge im Garten an – wohl nicht nur wegen ihrer Schönheit, sondern als Heilpflanze. Noch heute werden aus ihr wirksame Wundmittel gewonnen.

Die Ringelblume gehört zu den in unserem Klima dankbarsten Mitgliedern des Sommerflors. Sie wächst auf jedem Gartenboden, am liebsten auf nährstoffreichem, bevorzugt Sonne, aber gedeiht auch im Halbschatten. Weil sie keiner besonderen Pflege bedarf, ausdauernd blüht und sich selbst immer wieder aussät, wurde sie zum Wahrzeichen für Bauerngärten. Ihr strenger Geruch soll Schädlinge vergrämen, man pflanzt sie deshalb gern zwischen andere Blumen, sogar zwischen das Gemüse im Nutzgarten.

Ringelblumen entwickeln vor allem warme Farbtöne: Gelb, Gold, Orange und gelbliches Rot mit helleren oder dunkleren Blütenkörben (Augen). Neuere Zuchtformen wie die Pacific-Hybriden zeigen Blütenfarben, die nicht mehr dem vertrauten Ringelblumenbild aus Großmutters Garten entsprechen: Cremeweiß, Hellgelb und Aprikosenfarben. Es gibt heute sogar kugelig gefüllte Züchtungen verschiedener Größe.

Ringelblumen sät man – wenn man sie nicht ohnehin schon im Garten hat, wo sie sich immer wieder selbst vermehren – von März bis Juni und hat dann Blüten bis in den Spätherbst. Sät man Mitte September, so blühen die ersten Ringelblumen schon, wenn man die letzten für den Herbst sät. Viele Zuchtformen bilden sich durch

Ringel-
blumen
gedeihen
an jedem
Platz.

Ringel-
blumen
riechen
streng bis
unange-
nehm.

fortgesetzte Selbstaussaat wieder zu einfachen Ringelblumen zurück.

Zwergsorten der Ringelblume werden nur 25, langstielige bis siebzig Zentimeter hoch. Sie halten sich als Schnittblumen lange in der Vase; Knospen mit Farbrand kommen im Wasser noch zur Blüte. Man regt die Pflanzen zur vermehrten Blütenbildung an, wenn man die Fruchtstände entfernt.

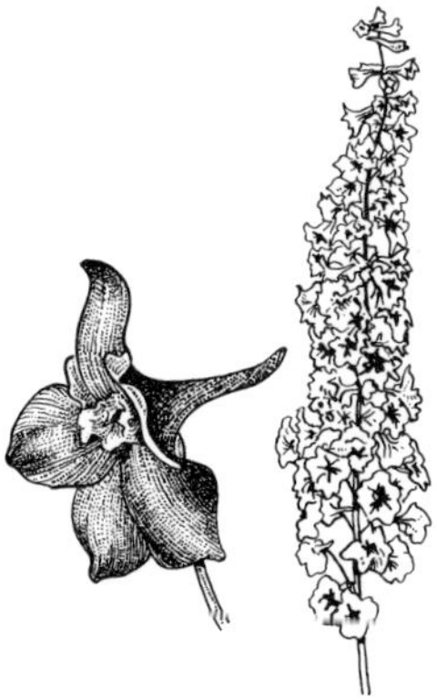

Rittersporn (Delphinium)
Hahnenfußgewächs

Die Wildformen des Rittersporns sind in Hunderten von Arten über die Nordhalbkugel verbreitet. Seine für den Garten gezüchteten Kulturformen zeigen eine außerordentliche Vielfalt der Farben, die durch changierende Töne und zwei- bis dreifarbige Blüten noch erhöht wird. Der Farbfächer des Rittersporns öffnet sich vom reinen Weiß bis zum düsteren Violett und Schwarzblau.

Üblicherweise versteht man unter Gartenrittersporn die fast unabsehbare Fülle der Hybriden in Form von Stauden.

Aber auch die einjährigen Arten des Rittersporns entfalten in ihren zahlreichen Sorten die ganze Farbenpracht der Gattung. Der in einer lockeren Rispe blühende **Acker-Rittersporn** (Delphinium consolida) wächst auf Äckern und Ödland wild. Die Kulturformen dieser Art zeigen einen viel dichteren Blütenstand, einige werden bis 150 Zentimeter hoch. Man erhält Sorten in Weiß, Rosa, Rot, Violett und Blau. Zu den stattlichsten gehören der Kaiser- und der Exquisit-Rittersporn. Ihre Blütenstände bilden unregelmäßige, aber reich verzweigte, lockere und teilweise sehr umfangreiche

Rispen, also keine schlank aufstrebenden Kerzen, wie die in den Gärten am meisten verbreitete einjährige Art Delphinium ajacis. Ihre kleinsten Sorten werden nur um dreißig Zentimeter, ihre größten über einen Meter hoch. Meist trägt der aufrechte Schaft eine hohe, dicht besetzte Blütentraube, die von unten nach oben aufblüht. Einige Sorten verzweigen sich.

Bei den Blütenähren von D. ajacis finden wir eine große Farbfülle mit besonders vielen Abstufungen in den Blau- und Violetttönen, aber auch Weiß, Rosa, Rot bis zum schokoladenartig dunklen Rotbraun.

Wer angesichts der vielen angebotenen Sorten nicht weiß, welche er wählen soll, könnte mit dem besonders schönen **Hyazinthen-Rittersporn** (D. ajacis var. hyacinthiflorum) beginnen, der in einer Reihe verschiedener Farben erhältlich ist.

Neben den genannten Formen des **Garten-Rittersporns** wird der aus Vorderasien stammende **Orientalische** oder **Morgenländische Rittersporn** (D. orientale) mit kürzeren Spornen und rotvioletten Blüten in unseren Gärten angebaut. Da er nur bis sechzig Zentimeter hoch wird, schmückt man mit ihm gern kleinere Blumenbeete oder Gärten, für die der sehr hohe Garten-Rittersporn zu groß wäre.

Der einjährige Rittersporn braucht tiefgründige, guthumose, nicht staunasse Erde. Er kann in der Sonne und im Halbschatten stehen und muß bei anhaltender Trockenheit regelmäßig gegossen werden. Ein so hohes Blütengewächs ist windempfindlich. Man baut Rittersporn deshalb vorteilhaft gruppenweise an und erreicht damit zugleich die beste Schmuckwirkung. Er eignet sich vorzüglich als Schnittblume für besonders raumfüllende Gebinde.

Man sät den Sommer-Rittersporn ab April aus und achtet beim späteren Vereinzeln auf Pflanzenabstände von dreißig bis vierzig Zentimeter für die großen Sorten, weniger für die kleineren. Im Hochsommer wird der Rittersporn dann vier bis sechs Wochen lang in Blüte stehen. Für frühere Blühzeit sät man den Rittersporn schon im Herbst ins Freiland.

Einjähriges Schleierkraut
(Gypsophelia elegans)
Gipskraut
Nelkengewächs

Unter den meist als Stauden gezogenen Schleierkräutern gibt es eine dankbare einjährige Art in Weiß (»Grandiflora Alba«), in Rosa (»Carminea«) und Hellrot (»Kermesina«). Das Schleierkraut mit seinen vielen winzigen Blütchen bringt luftige Anmut in den Sommerflor des Gartens und als Schnittblume in den Blumenstrauß. Zudem kann man es, wenn man es zu Beginn seiner Blühzeit schneidet und kopfunten trocknen läßt, für Dauersträuße verwenden, zum Beispiel mit verschiedenfarbigen Strohblumen. Die Pflanze wird gut vierzig Zentimeter hoch. Dieses überaus zarte Gebilde bringt wenig Pflanzenmasse hervor, verbraucht also wenig Nährstoffe und nimmt mit jedem Gartenboden vorlieb. Man muß es allerdings sorgfältig vor Unkraut schützen, wenn sein duftiger Reiz nicht untergehen soll.

Noch besser als bei Einfassungen, für die es oft verwendet wird, kommt es zur Wirkung, wenn man kleinere Gruppen von mehreren Pflanzen zwischen gleichgroße und kleinere Sommerblumen stellt.

Aussaat ab Ende März bis Juli für gestaffelte Blühzeiten bis in den Herbst. Man kann schon im Herbst aussäen und hat dann im späten Frühjahr blühende Pflanzen.

Schleifenblume (Iberis)
Schneekissen
Kreuzblütler

Die in unseren Gärten häufigste Art ihrer Gattung, die **Doldige Schleifenblume** (Iberis umbellata) stammt wie die anderen Kulturformen der Schleifenblume aus dem Mittelmeerraum. Man züchtete weiße, rosa und purpurrote Sorten, die gut in Mischungen harmonieren. Die kleinen Einzelblüten der Dolden schließen sich zu großen Blütenständen zusammen, so daß der Eindruck einer niedrigen, aber großblütigen Blume entsteht. Dazu tragen wesentlich die jeweils nach außen strahlig vergrößerten Kronblätter der Randblüten bei.

Die in ihren Ansprüchen bescheidenen Sommerblumen werden nur zehn bis dreißig Zentimeter hoch, die Zwergformen bilden dichte Polster über Einfassungen und auf dem Steinbeet, die höheren Sorten eignen sich als Schnittblumen, von denen schon wenige Stiele kugelige Sträuße ergeben.

Obwohl die Schleifenblumen aus dem Süden stammen und viel Sonne vertragen – auch leichte, sandige Böden –, gedeihen sie selbst im Halbschatten und decken den Boden mit ihren lebhaften Farben noch dort, wo andere Sommerblumen Schwierigkeiten hätten.

Schon ab März kann man an Ort und Stelle aussäen; man verdünnt später auf zehn Zentimeter Pflanzenabstand. Gestaffelte Saaten für langes Blühen bis August sind bis in den Mai hinein möglich. Man gewinnt Blüten schon im zeitigen Frühjahr mit einer Herbstaussaat, doch empfiehlt es sich, in rauheren Lagen die Jungpflanzen mit einer Abdeckung gegen Frost zu schützen.

Besonders dichte Polster der Schleifenblume finden wir unter den zahlreichen ausdauernden Arten, die im Staudengarten viele Jahre lang sogar auf mäßigem Boden reiche Blüten bringen.

Sonnenblume (Helianthus annuus)
Korbblütler

Der Menge nach verschwinden die vielen Sonnenblumen unserer Gärten vor denen, die unsere östlichen Nachbarn anbauen. Allein in der Sowjetunion erntet man jährlich rund vier Millionen Tonnen Sonnenblumenkerne – hauptsächlich zur Ölgewinnung. Dabei wurde dieses ebenso nützliche wie prachtvolle Gewächs erst im Jahre 1596 aus seinem Ursprungsland Nordamerika nach Europa gebracht. Man verwendet nicht nur seine nährstoffreichen Samen, sondern auch seine Blätter und Stengel und gibt sie als Milchleistungsfutter dem Vieh, denn sie enthalten mehr Eiweiß als Klee. Daß die großen Blütenstände der Sonnenblume eine ausgezeichnete Bienenweide abgeben, können wir im eigenen Garten gut beobachten.

Wir schätzen und pflanzen die Sonnenblume vor allem ihrer Schönheit wegen. Tausende von Einzelblüten vereinigen sich zu mächtigen Blütenkörben, die bei den größten Sorten über einen halben Meter Durchmesser erreichen. Betrachtet man eine solche Einzelblüte unter dem Vergrößerungsglas, so findet man in ihr alle Bestandteile, die zu einer fortpflanzungsfähigen Blume gehören:

Sonnenblumen sind die »Sommerbäume des kleinen Gartens«. Mit der Samenreife neigen sich die Blütenstände.

Kronröhre, Stempel und Staubgefäße. Dieses kleine Gebilde mit der verwachsenen Kronröhre erinnert in seiner Form an eine Glockenblume. Tatsächlich stehen die Glockenblumengewächse den Korbblütlern wegen gemeinsamer Gestaltmerkmale der Blüten recht nahe.

Die meist goldgelben »Blütenblätter«, die als Strahlenkranz den Blütenstandboden der Sonnenblume umranden, erweisen sich als Einzelblüten mit einer blütenblattartig vergrößerten Zunge. Man sieht das, wenn man ein solches »Blatt« vorsichtig aus dem Blütenboden löst.

Eine Sommerblume, die sich in wenigen Monaten vom kleinen Samenkorn zu einer selbsttragenden Höhe ihrer endständigen Blütenscheibe bis zu drei Meter entwickelt, muß sehr viel Nährstoffe und Sonnenlicht aufnehmen. Für ihre Entwicklung braucht sie einen unbeschatteten Platz, auf dem ihr die Nachbarn nicht zu nahe kommen. Um für ihre Blüten keinen Sonnenstrahl zu versäumen, dreht die Pflanze ihren Blütenkorb während eines Sonnentages mit dem Lauf ihres Ebenbildes am Himmel. Die lange Blühzeit der Sonnenblume ergibt sich aus der gut zu beobachtenden Tatsache, daß die Einzelblüten in immer neuen Ringen von innen nach außen aufblühen. Wenn die äußeren in Blüte stehen, Schmetterlinge, Käfer und Bienen noch mit Nektar speisen, sehen wir in der Mitte des Blütenbodens schon die fertig ausgebildeten Samenkörner. Sie sitzen dicht an dicht und bilden durch ihre Anordnung reizvolle Spiralen. So ist die Sonnenblume auch eine Augenweide.

Das klassische Bild der Sonnenblume erfüllt die einschäftige Pflanze, deren Leiter herzförmiger, rauher Blätter zur einzigen Blumenscheibe führt. Wer auf diese größten Gestalten ihrer Art Wert legt, sollte die Sorten »Bismarckianus« oder »Macrophyllus« anbauen, Riesensonnenblumen, die zwei bis drei Meter hoch werden. Diese Pflanzen brauchen natürlich reichlich Humus. Sie vertragen auch während ihres Wachstums Gaben von tierischer Jauche und Frischkompost wie die Starkzehrer unter den Gemüsepflanzen.

Es gibt etwas niedrigere und viel niedrigere Sorten mit reizvollen Abwandlungen der Grundform: gefüllte Blütenböden, dunkelbraune »Augen« mit rostroten Ringen. Zwergsorten werden nur etwa einen halben Meter hoch und eignen sich mit einfachen und gefüllten Blütenständen als Schnittblumen.

Neben großen und mittleren einsonnigen Sorten werden vielsonnige, also verzweigte Sorten mit kleineren Blütenkörben (Helianthus debilis) angeboten. Man kann zwischen schwefelgelben und goldgelben, zwischen kupfer-, bronze-, purpurfarbenen und blutroten wählen, zwischen geraden und gedrehten »Blumenblättern«.

Eine besonders prachtvolle gefüllte Sorte ist die »chrysanthemenblütige« (H. annuus var. globulosus fistulosus).

Je kleiner die Sorten, desto geringer ist der Nährstoffbedarf der Sonnenblumen. Sie gedeihen sogar auf mittelmäßigem Boden, erreichen aber dann nicht immer ihre volle Größe. Lehmiger Boden eignet sich besser als sandiger.

Man sät im April oder Mai ins Freiland und hält dabei je nach Sorte Pflanzenabstände von vierzig bis sechzig Zentimeter ein. Um sicherzugehen, steckt man jeweils zwei bis drei Sonnenblumenkerne in den Boden und läßt später nur die jeweils kräftigsten der aufgelaufenen Pflänzchen stehen. Man kann sie wesentlich früher in Töpfe und Kästen säen, darf diese an Wärme gewöhnten Pflanzen aber nicht zu bald an ihren endgültigen Standort setzen und sollte dies nur mit dem ganzen Wurzelballen tun.

Will man Wände, Mauern oder Zäune hinter Sonnenblumen verstecken, so pflanzt man mehrere verschieden hohe Arten oder Sorten hintereinander. Für gute Deckung darf man nicht zu eng pflanzen, weil die Sonnenblumen sonst kümmern und keine großen Blätter entwickeln. Mit einer Reihe von Sonnenblumen kann man z. B. eine Kompostmiete beschatten oder die ganze Kompoststätte den Blicken entziehen.

Zur Ernte reifer Sonnenblumenkerne für die Winterfütterung der Vögel oder zur neuen Aussaat sollte man die Fruchtstände in Netze oder Gaze hüllen, um sie vor den Meisen zu schützen.

Will man Sonnenblumenkerne für die Meisen im Winter aufbewahren, erspart man sich das Auslösen der Samen, wenn man die gereiften Fruchtstände abschneidet und an einem trockenen Platz aufbewahrt. Man kann sie im Winter nach und nach ans Fenster oder an einen Ast hängen. Die Kerne sind so vor Nässe und Schnee geschützt und nur Meisen kommen an das ihnen zugedachte Futter heran, während Spatzen sich mit den Körnern begnügen müssen, die bei den Meisenmahlzeiten auf den Boden fallen.

Auch unter den ausdauernden Arten der Sonnenblumen hat man große Auswahl nach Größen und Farben. Offenbar haben sich die Sonnenblumenstauden aber nicht so durchgesetzt wie die Einjährigen. Es liegt schon ein großer Reiz darin, die größte Blütenstaude des Gartens jährlich neu aus Samen hervorgehen zu sehen.

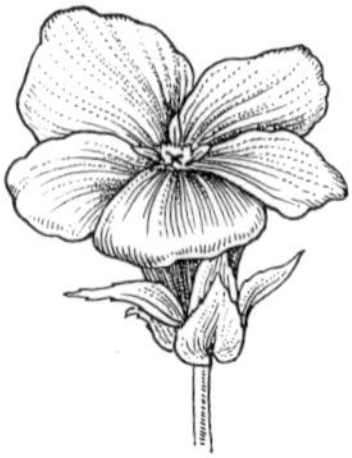

Trichtermalve (Malope trifida)
Sommermalve
Malvengewächse

Die Gattung Malope zählt nicht zu den »echten« Malven, die in der Familie der Malvengewächse eine eigene Gattung bilden, doch steht die Leuchtkraft ihrer Blüten nicht hinter jenen zurück. Die Trichtermalven stammen aus dem Mittelmeergebiet, ihre Kulturformen lassen sich ohne Schwierigkeiten in unseren Gärten anbauen. Die Pflanzen werden bis zu einem Meter hoch und wachsen sich zu umfangreichen Büschen aus. Man sollte ihnen deshalb untereinander fast einen halben Meter Abstand zugestehen. Wie bei den echten Malven verjüngen sich die Kronblätter im Blütengrund so stark, daß sie blattförmige Ausschnitte des grünen Kelches freigeben. So entsteht mit den dunkel abgesetzten Adern der Blüte eine reizvolle Dreifarbigkeit.

Die schnell wachsenden Trichtermalven gedeihen auf jedem Gartenboden, wenn sie nur Sonne und Feuchtigkeit haben. Man setzt sie im Blumengarten überall hin, wo man leuchtendes Rot möchte oder einen sommerlangen Sichtschutz braucht.

Schon im April sät man ins Freiland und hat dann ab Juli Blüten. Vorzucht im Frühbeet ist möglich, wenn man die Blühzeit schon in den Frühsommer verlegen möchte.

Trichterwinde (Hipomoea purpurea)
Prunkwinde
Windengewächs

Die Prunkwinde kam im 17. Jahrhundert von Südamerika nach Europa. Die Gattung umfaßt mehrere hundert Arten, es wurden in der Neuen Welt noch in jüngster Zeit weitere Arten entdeckt. Eine ausdauernde tropische Art mit Wurzelknollen, die Batate

(Hipomoea batatas), gelangte als Süßkartoffel zu wirtschaftlicher Bedeutung; man baut sie heute in vielen warmen Ländern an.

Die Prunkwinde erreicht schnell eine Höhe von drei Metern. Die verschiedenen Sorten bringen unterschiedliche Blütenfarben hervor, die auch als Mischung erhältlich sind: Weiß, Rosa, Rot, Blau, Violett, mit mehrfarbigen Ringen oder mehrfarbigen Streifen.

Bei nährstoffreichem Boden und warmem, windgeschütztem Stand entwickelt die Purpurwinde auch ein dichtes Blattwerk, so daß sie sich gut zum Beranken und Verdecken von Wänden eignet.

Die vergänglichen Blütentrichter öffnen sich nur am Vormittag und sind bis Mittag schon verblüht. Bei trübem Wetter halten sie

Trichterwinde als Schmuck für ein häßliches Treppengeländer.

sich ein paar Stunden länger. Trotzdem gibt die Winde mehrere Monate den Eindruck voller Blüte, weil sich jeden Morgen neue Knospen öffnen.

Bei Freilandaussaat Ende April oder Anfang Mai beginnt die Blühzeit im Juli und endet im September. Man kann die Winden frei an Drähten, Schnüren und Gittern hochziehen, sie Balkonbrüstungen überklettern oder eine Pergola einwachsen lassen. Sie entfalten ihre Pracht auch aus Töpfen und Pflanzkästen, doch muß man dann besonders auf gute Düngung und Durchfeuchtung der Erde achten. Die Prunkwinde liebt nährstoffreichen Boden. Mit stickstoffhaltigem Komposthumus erfüllt man ihre Ansprüche bestens. Auf saurem Boden, also bei Kalkmangel, und im Schatten oder an Standorten, die starkem Wind ausgesetzt sind, kann die Winde nicht gedeihen.

Aussaat ins Freiland

Die im vorangegangenen Abschnitt behandelten Sommerblumen können ohne Vorkultur ins Freiland gesät werden. Gerade für den Gartenanfänger liegt in dieser einfachen Handhabung ein bedeutender Vorteil. Unsere – natürlich unvollständigen – Sommerblumen-Vorschläge zeigen, daß man auch ohne Anzucht junger Pflanzen in Zimmerkästen oder Frühbeeten einen reichen Blumenschmuck hervorzaubern kann – aus der Samentüte gleich an Ort und Stelle des Gartens.

Die Zeitangaben in diesem Buch oder auf Samentüten bilden nur Anhaltspunkte, keine erfolgssicheren Zusagen. Wie stark die örtliche Gartenlage jeweilige Zeiten für Aussaat und Auspflanzung verschieben kann, erlebe ich in unseren Voralpengärten mit drastischer Deutlichkeit: Wir haben noch Schnee, wenn nur dreißig Kilometer weiter westlich am Bodensee die Obstbäume blühen. Wenn er uns verläßt, weiden dort schon die Kühe. So zahlen wir für den Anblick der gegenüberliegenden Hochgebirgskette mit mehr Winter. Aber es ist, als ob dann der kürzere Sommer wieder einen Teil seiner Verspätung hereinholte, denn wir ernten in Fülle. Allerdings müssen wir im Frühjahr Rückschläge einstecken, die der Gartenfreund tieferer Lagen nicht kennt. So warf uns im letzten Jahr (1979) der schon fortgeschrittene Mai noch einmal eine geschlossene Schneedecke vor die Füße, die schon ohne Schuhe im

Noch im Mai wurden diese blühenden Kaiserkronen mit Neuschnee zugedeckt. Die robuste Pflanze erträgt solche Rückschläge.

Grünen gestanden hatten. Und im Oktober kann das erste Winterweiß die noch reifenden Tomaten überzuckern. Kurz, man wird in jeder Lage Erfahrungen sammeln, die gleichwohl in unserem wankelmütigen Klima nicht vor Überraschungen schützen.

Gerade im Frühjahr läßt man sich als Anfänger von einigen wenigen Sonnentagen gern zu verfrühten Freilandaussaaten hinreißen, weil man den erzielbaren Zeitgewinn vor Augen hat. Der nächste Nachtfrost aber erinnert sich nicht an die vorausgegangene Sonnenwärme. So reift im Laufe der Jahre die Erfahrung heran, daß mit frostempfindlichen Pflanzen vor den Eisheiligen kein Blumentopf zu gewinnen ist. Und damit bestätigen wir nur die alte Bauernregel, die sich ja schon in den frostigen Kosenamen dieser Heiligen niederschlägt.

Mit der Tätigkeit des Säens verbindet der Gärtner aus Neigung unwillkürlich vorausschauende, hoffende und wünschende Gedanken. Der bedächtig über den Acker schreitende Sämann des vorindustriellen Zeitalters gehörte zu den großen Bildern des ländlichen Jahreslaufes: Das Beste der vergangenen Ernte spart sich der Mensch selbst in Hungerszeiten vom Munde ab und vertraut es erneut seinem Acker an.

Heute haben sich die Verhältnisse und Vorstellungen des Säens für den Heimgärtner in eine ganz andere Richtung entwickelt. Er liest in seinen Gartenbüchern, daß der Samen, wie ihn die Pflanze uns schenkt, noch gar nicht verwendungsfähig ist. Pilze und andere Krankheitserreger befallen ihn vor und bei der Keimung, er muß deshalb »gebeizt« werden. Darunter versteht man das Umhüllen jedes Samenkorns mit einem Mantel aus gut haftenden Chemikalien. Man unterscheidet ein trockenes und ein nasses Verfahren. Beizmittel enthalten in der Regel Quecksilber, ein hochgiftiges Schwermetall, das schon in Spuren wirkt und unsere Umwelt als zivilisationsbedingter Schadstoff buchstäblich schwer belastet. So hat man es bereits in wildwachsenden Pilzen unserer Wälder in Mengen nachgewiesen, die ihren allzu häufigen Verzehr nicht mehr geraten sein lassen.

Die Beizmittel, die dem Heimgärtner empfohlen und verkauft werden, sind hochgiftig: »Daher Kinder von der Prozedur fernhalten, keine Reste von gebeiztem Saatgut aufheben oder gar an Tiere verfüttern!«

Die segensreiche Tätigkeit des Säens, aus der Kinder viel lernen könnten, wurde zu einem Umgang mit Gift, zu einer gefährlichen

Handlung. Hatte man das Beizen zunächst vor allem für Getreidesaaten entwickelt, so liest der Hobbygärtner heute in Gartenbüchern, die der biologischen Anbauweise durchaus wohlwollend gegenüberstehen: »Und das Beizen bestimmter Gemüsesamen sowie möglichst auch der Blumensämereien darf er nicht versäumen.«

Das Beizen ist schnell erledigt, sein Zeit- und Geldaufwand für den Hausgarten unerheblich. Aber die gutgemeinte Aufforderung des erfahrenen Fachmanns bringt den leichter zu Rezeptgläubigkeit neigenden Anfänger in eine Abhängigkeit von chemischen Produkten, deren Wirkung man als Laie nur hinnehmen, nicht beurteilen kann. Der freundliche Umgang mit der Natur – was wäre Gärtnern anderes? – wird unter der Bemäntelung notwendiger Hilfeleistung vergiftet. Vielleicht werden unsere Böden einmal wirklich so geschädigt, die angebotenen Samen so anfällig sein, daß dieser Schritt als notwendig gelten muß. Es gibt Bestrebungen, Saatgut allgemein nur gebeizt in den Handel zu bringen. Noch haben wir wenigstens im kleinen Rahmen unseres Gartens die Möglichkeit, anderer Meinung zu sein und anders zu handeln.

Aus eigener Gartenerfahrung kann ich sagen, daß wir noch nie gebeizt und noch nie irgendwelche Verluste an Samen bemerkt haben. Aber wo kein Bedarf ist, kann er, wie man sieht, durchaus geweckt werden. Dazu möchte ich Oswald Hitschfeld, den langjährige Berater im biologisch-dynamischen Landbau, einen Mann mit großer Berufserfahrung, anführen: »Man sollte sich bewußt sein, daß die ganze Frage des Beizens in eine Kategorie zusammen mit der Giftverwendung im Pflanzenschutz gehört und nur zu lösen ist, wenn wir uns entschließen können, wieder zu natürlichen Zuständen im Pflanzenbau zurückzukehren: Abkehr von zu viel treibender Düngung und überspannter Leistungssteigerung, Ausscheiden anfälliger Sorten und so weiter ...

Abgesehen von den dauernden Kosten und der Mehrarbeit, die man mit dem Beizen hat, ist durch exakte Versuche erwiesen, daß Gifte in die werdende Frucht kommen. So soll man zum Beispiel durch exakte Untersuchungsmethoden Quecksilber noch in der dritten Generation bei Weizen feststellen können! ...

... sollten wir uns bei einem biologischen Anbau doch folgendes überlegen: Wenn wir den Samen mit einer Gifthülle umgeben, leiten wir damit einen Prozeß ein, der dann in der Folge immer wieder dazu führen muß, während des Wachstums ähnliche bewahrende Maßnahmen zu ergreifen, damit die Pflanze leben kann.

Das Beizen ist das erste Glied einer Kette ständig sich steigernder Eingriffe in die Lebens- und Wachstumsprozesse des Pflanzenlebens.«

In der Landwirtschaft und im Erwerbsgartenbau gibt es heute einen wirklichen Bedarf zum Beizen des Saatgutes, welche Gründe auch immer zu diesem unerfreulichen Umstand geführt haben. Deshalb bemühte man sich bei den biologischen Anbauweisen um naturgemäße Lösungen dieser Frage. Langjährige Versuche ergaben, daß man statt Saatbeizen mit Gift erfolgreich Saatbäder mit Heilkräuterauszügen anwenden kann. Oswald Hitschfeld: »Bei diesen Saatbädern handelt es sich nicht um das Abtöten von Pilzsporen, sondern um die Unterstützung des Pflanzenwachstums zu Gesundheit und Widerstandsfähigkeit.«

Obwohl diese Maßnahmen kaum für den blumenbauenden Gartenfreund, der für Bodengesundheit durch Kompostdüngung sorgt, vonnöten sein werden, gebe ich eine Anweisung der beiden Schweizer Otto Schmid und Silvia Henggeler aus deren empfehlenswerter Schrift »Biologischer Pflanzenschutz im Garten« wieder.

»Zur Vorbeugung gegen Schädlingsbefall und Pilzkrankheiten sowie zur Förderung der Keimung empfehlen sich Saatbäder. Einige Tropfen (1 bis 2 ccm) Kräuterextrakt in 1 Liter Wasser so lange rühren, bis es gut vermischt ist. Nach etwa 24 Stunden, während denen man gelegentlich umgerührt hat, hängt man das Saatgut in einem kleinen Stoffsäcklein 10 bis 15 Minuten in die Lösung. Darauf breitet man den Samen an einem schattigen Ort zum Trocknen aus und sät diesen am selben oder am darauffolgenden Tag.«

Ich führte das Thema Saatbeize hier an, um den in der biologischen Pflanzenpflege noch Unerfahrenen Mut zu machen, allen Gartentips und leicht gegebenen Empfehlungen für Gifte im Garten zu widerstehen. Es gibt für den Garten grundsätzlich keine besseren Lösungen als ungestörte natürliche Abläufe. Die müssen wir stärken und fördern, nicht die Zulieferer von Gartengiften.

Ob man Samen, der im Vorjahr übrigblieb, wieder verwendet, oder ob man ihn besser gar nicht erst aufhebt, ist eine persönlich zu entscheidende Frage, die nicht allgemeingültig beantwortet werden kann. Die meisten Samen sind im Folgejahr noch keimfähig, aber zweifellos treten Verluste ein. Wer die nicht in Kauf nehmen will, deckt sich in jedem Winter neu mit Samen für den Garten ein, zumal man dann ohnehin nach Gartenplan, Gefühl oder Erfahrung bestellen muß.

Der Anbau aus eigenen Samen kann dem Gartenliebhaber nicht grundsätzlich empfohlen werden, weil unsere teilweise in langen Zuchtreihen entstandenen Kulturpflanzen schnell abbauen, das heißt, ihre erwünschten Eigenschaften nur mangelhaft vererben. Dies gilt besonders für Kreuzungen (Hybriden). Sogenannte F1-Hybriden können ohnehin nicht sortenrein durch Samen fortgepflanzt werden. Auch kommen im Garten Kreuzungen vor, so daß die Sorten schon aus diesem Grund nicht rein bleiben. Wer selbst Samen zieht, braucht dafür recht genaue Kenntnisse und muß vieles beachten. Das gilt nicht für im Garten gezogene Wildpflanzen oder Blumen, die ihren wildwachsenden Vorfahren noch recht ähnlich sind. Wildwachsende Pflanzen stellen von Natur aus gefestigte Arten dar; sie vererben ihre Gestalten und Eigenschaften gleichmäßig fort. Allerdings kommt es in freier Natur bisweilen zu Kreuzungen zwischen Unterarten.

Hat man Samen unbekannter Herkunft oder ist man sich nicht sicher, ob er noch verwendet werden kann, prüft man ihn durch eine Keimprobe. Man legt Samenkörner zwischen zwei Löschblätter, die man gleichmäßig feucht hält, indem man eine Kante mit dem Wasser eines Gefäßes in Verbindung hält. Nur bei den sogenannten Lichtkeimern – das sind ganz wenige Pflanzenarten – muß man die Samen auf ein einziges Fließblatt legen.

Wie wird ausgesät? Auf vorbereitete Erde, das heißt gelockerten und feinkrümeligen Boden. Hat man kurz zuvor eine Schicht reifer Komposterde oberflächlich eingebracht, so erledigt man Düngen, Lockern und Saatfertigmachen in einem Arbeitsgang.

Man kann in Reihen aussäen, was gerade bei Sommerblumen viele Vorteile bringt, vor allem für die weitere Boden- und Pflanzenpflege, oder breitwürfig, also gleichmäßig flächendeckend. Die Korngröße der Samen reicht von staubfein bis bohnengroß. Es liegt nahe, daß feiner Samen leicht zu dicht gesät wird. Man kann sich helfen, indem man ihn mit trockenem, streufähigen Sand vermischt. Für das Reihenziehen mit einem Setzholz spannt man eine beetlange Schnur zwischen zwei Pflöcke.

So verbreitet wie das zu dichte Säen ist der Fehler einer zu tiefen Samenverlegung. Bei dicken Saatkörnern rechnet man eine Erdbedeckung von der doppelten bis dreifachen Stärke des Samens. Entsprechend zieht man bei feinem Saatgut die Rillen sehr flach, was nur bei feinkrümeliger Erde gelingt, die weder zu trocken noch zu naß ist. Man hat die Samenbedeckung mit Erde bei sehr kleinen Samen besser in der Hand, wenn man nicht mit dem Rechen die Rille zuschiebt, sondern gut ausgereiften Komposthumus oder gesiebte Gartenerde aufstreut. Anschließend wird mit dem Rechen vorsichtig geglättet und mit gedrehtem Gerät leicht angedrückt. Zuletzt begießt man die eingesäten Reihen mit der Brause – vorteilhaft ist Regenwasser oder wenigstens abgestandenes, in der Sonne etwas erwärmtes Leitungswasser. Bei sehr feinem Samen genügt schon dieses Angießen, um die Körnchen in Erde zu betten. Allgemein gilt, daß die Saat bei schweren Böden etwas flacher, bei leichten Böden etwas tiefer einzubringen ist.

Wickensamen weckt die Begehrlichkeit körnerfressender Vögel, man sollte ihn gegebenenfalls mit einem Netz oder mit Reisern abdecken.

Will man den für die Freilandsaat vorgesehenen Gartenboden schon im Frühjahr mulchen, um ihn vor dem Austrocknen und vor dem Auflaufen von Unkraut zu schützen, so kann man die vorgesehenen Saatreihen durch aufgelegte Holzlatten frei von Mulchmaterial und doch bedeckt halten. Für breitwürfiges Aussäen muß die Mulchschicht mit Rechen oder Gabel entfernt werden.

Auch trockenliebende Pflanzen brauchen zum Keimen und Heranwachsen Feuchtigkeit. Beete mit Saatgut sollten deshalb regelmäßig begossen werden.

Unserer Zusammenstellung von Sommerblumen, die ohne Vorkultur auskommen, lassen wir nun eine Reihe von empfindlicheren Einjahresblumen folgen, die man im Zimmer oder Frühbeet vorziehen sollte. Die Jungpflanzen werden nach den letzten Frösten, also üblicherweise in der zweiten Maihälfte ins Freiland gesetzt. Wer sich nicht die Mühe der Vorkultur machen will, oder wer die Einrichtungen dafür noch nicht hat, muß auf diese Sommerblumen nicht verzichten, er holt sich die Jungpflanzen beim Gärtner.

Natürlich kann man auch Sommerblumen, die für Freilandsaat geeignet sind, an geschütztem Platz heranziehen, vereinzeln und dann auspflanzen, das heißt Vorkultur treiben. Man bringt sie damit früher zum Blühen. Nur wenige Arten, zum Beispiel solche, die Pfahlwurzeln ausbilden wie Gartenmohn und Goldmohn, wollen nicht mehr versetzt, sondern gleich ins Freiland gesät werden.

Feuersalbei »Johannisfeuer« ▷

Feuersalbei (Salvia splendens)
Roter Salbei
Prachtsalbei
Salvie
Lippenblütler

In dem wissenschaftlichen Gattungsnamen Salvia steckt das lateinische Wort salvare, heilen. Salvia officinalis, der **Echte** oder **Garten-Salbei,** erfreut sich als Heil- und Gewürzkraut bis heute großer Beliebtheit. Diese in den öden Karstgebirgen der Mittelmeerländer riesige Bestände bildende Staude wächst auch in unseren Gärten mehrjährig, obwohl sie nicht eigentlich frosthart ist. Sie lieh einer Gattung ihren Namen, die mit vielen hundert Arten in warmen und tropischen Landschaften der Alten und Neuen Welt vorkommt.

Unter den anderen Gattungen der Familie Lippenblütler finden wir so artenreiche heimische Wildpflanzen wie Ziest und Taubnesseln, vor allem aber wertvolle Gewürzpflanzen des Kräutergartens: Rosmarin, Lavendel, Minze, Thymian, Majoran, Bohnenkraut, Basilienkraut, Melisse, Ysop, Pogostemon (Patschulipflanze) und Basilikum.

Der Formenfülle dieser Pflanzenfamilie liegt ein recht einheitlicher Bauplan zugrunde: vierkantiger, oft hohler Stengel, gegenständige Blattpaare an den Knoten, die übereinander jeweils im Kreuz stehen und zweiseitig symmetrische (zygomorphe) Lippenblüten.

Unter den vielen Salbeiarten, die in Kulturformen ihrer Blüten wegen im Garten meist als Stauden, aber auch einjährig gezogen werden, sticht der **Pracht-Salbei** durch sein unvergleichlich leuchtendes Feuerrot hervor. Es ist, als erzeuge diese Pflanze einen

Überschuß an Farbe; denn nicht nur die Blüten, sondern selbst deren Hüllblätter und die Blütenstiele sind so rot, als hätte man die ganzen Blütenstände in einen Farbtopf getaucht. Die größten Sorten dieser Art werden bis zu 150 Zentimeter hoch, man setzt mit ihnen unübersehbare Farbzeichen mit Fernwirkung in den Garten, Fanfarenstöße in Rot.

Rot ist die Blütenfarbe der Stammpflanze dieser Art. Sie wächst als mehrjährige Staude in Brasilien. Unsere Kulturformen des Pracht-Salbei sind eigentlich Stauden, die man ihrer Frostempfindlichkeit wegen einfach als einjährige Sommerblumen anbaut.

Beim Pracht-Salbei ließen es die Züchter nicht bei einer Farbe bewenden. Für den Garten stehen rein weiße, cremeweiße, rosarote, zweifarbig rote, rot gesprenkelte, purpurfarbene und violette Sorten zur Verfügung. Darüber hinaus kann man zwischen verschiedenen Wuchshöhen wählen. Salvia splendens nana, eine winzige Zwergsorte, bleibt meist unter zwanzig Zentimeter. Für Blumenrabatten des mittelgroßen Hausgartens wird man Größen zwischen vierzig und fünfzig Zentimeter bevorzugen und die hochwüchsigen Sorten größeren Gärten vorbehalten. Der Pracht-Salbei ist eine gute Futterpflanze für Bienen, er zieht diese erwünschten Gäste zur Blütezeit scharenweise auf sich.

In ihren Ansprüchen gleichen sich die Salbeiarten in etwa: ein Platz an der Sonne, eher trocken als feucht – kalkhaltiger, keinesfalls saurer Boden. Aussaat ab März im Haus, ab April im Frühbeet; die Jungpflanzen setzt man ab Mitte Mai in den Garten. Entsprechend seiner tropischen Herkunft ist der Pracht-Salbei kälteempfindlicher als der in Südeuropa heimische Garten-Salbei.

Von den vielen Kulturarten des Salbei sei noch der **Scharlach-Salbei** erwähnt (S. horminum). Bei ihm nehmen die Laubblätter der Pflanzenspitze blütenblattartige Farben an, zum Beispiel Violett oder Rosa, und übertreffen mit diesem Schmuck die tiefer stehenden, verhältnismäßig kleinen Lippenblüten.

Fleißiges Lieschen (Impatiens wallerina)
Balsaminengewächs

Das Fleißige Lieschen trägt seinen Namen zu Recht, denn es blüht an allen 52 Wochen des Jahres, wenn man seine Ansprüche an Feuchtigkeit und Wärme erfüllt. Eigentlich ist das Fleißige Lies-

Oben: Das Fleißige Lieschen trägt gespornte Blüten. Rechts: Nektarien an den Stengeln. Unten: Löwenmaulblüten in rot und gelb.

chen aus der Gattung Springkraut (Impatiens) eine Zimmer- und Balkonpflanze. Doch entfaltet sie ihre unermüdliche Blütenpracht auch im Freiland. Der erste Kälteeinbruch im Spätherbst bereitet den eigentlich ausdauernden Pflanzen ein Ende.

Oft wird man das Fleißige Lieschen schon deshalb in den Garten pflanzen, weil es wie wenig andere Blumen sogar im Halbschatten üppig blüht und den Boden völlig bedeckt.

Die flachen Blüten zeigen entweder ein gleichmäßig dichtes Feuer- oder Purpurrot mit vielen Abstufungen der einzelnen Sorten, Orange oder einen Blütengrund in Rosa, das nach außen in Weiß übergeht. Je nach Sorte werden die Pflanzen bis zu fünfzig Zentimeter hoch. An unser wildwachsendes Gelbes Springkraut derselben Gattung erinnert nur der lange Blütensporn.

An seinen dickfleischigen, fast durchscheinenden Stengeln kann man schon den großen Feuchtigkeitsbedarf des Fleißigen Lieschens ablesen. Dauernde Nässe verträgt es allerdings nicht. Wenn es immer neue Blüten entfalten soll, was seiner Natur entspricht, dann muß man dem Boden eine kräftige Kompostgabe eingearbeitet haben. Die Pflanze ist außerordentlich kälteempfindlich, so daß man sie erst Ende Mai in den Garten bringt, jedenfalls nach den letzten Nachtfrösten. Man kauft Jungpflanzen beim Gärtner und setzt sie in Abständen von dreißig Zentimetern. Für Terrasse und Hausnähe pflanzt man das Fleißige Lieschen vorteilhaft in Kästen und Kübel. Läßt man wenigstens einen Teil dieser Pflanzen im Haus überwintern, so hat man bei Zimmertemperaturen nicht nur fortgesetztes Blühen, sondern kann ohne Schwierigkeit durch Stecklinge vermehren. Abgebrochene Pflanzenteile, selbst blühende, schlagen im Wasser oder in feuchter Erde schnell Wurzeln und entfalten sich bald zu einer neuen, stattlichen Pflanze.

Das Fleißige Lieschen braucht im Winter Zimmertemperatur oder wenigstens um fünfzehn Grad. Bei Temperaturen unter zwölf

Grad nimmt die Pflanze bereits Schaden, sie wirft dann die Blätter ab und bringt keine neuen Knospen hervor.

Zwischen Blättern und Stengeln des Fleißigen Lieschens kann man glitzernde Tröpfchen beobachten, die einen stark süßen Geschmack haben. Die Bedeutung dieser sogenannten Nektarinen – einer Nektarentwicklung außerhalb der Blüten – ist nicht bekannt.

Löwenmaul (Antirrhinum majus)
Braunwurzgewächs

Die nach Farbe und Wuchshöhe sehr zahlreichen Sorten des Gartenlöwenmauls gehen ausnahmslos auf eine einzige Art zurück, das Große Löwenmaul der Mittelmeerländer. Eigentlich sind unsere Gartenlöwenmäulchen mehrjährig wie ihre Wildform. Aber man zieht sie gewöhnlich als Sommerblume, die jährlich neu gesät und gepflanzt wird. In milden Lagen setzt sich die Staudennatur eines Löwenmäulchens bisweilen durch: die Pflanze übersteht Schnee und Eis und treibt im Frühjahr um so üppiger aus.

Daß die Löwenmäulchen nicht besonders kälteempfindlich sind, zeigt sich an spät gezogenen Pflanzen im Herbst: Sie behaupten sich bis zum Frost. Deckt man die Selbstaussaat der Löwenmäulchen im Winter ab, so hat man im nächsten Frühjahr schon Jungpflanzen im Garten. So verträgt das Löwenmäulchen in begünstigten Gegenden eine Aprilaussaat ins Freiland, doch wird man in der Regel im Frühbeet vorziehen oder Jungpflanzen beim Gärtner kaufen.

Die Rachenblüte des Löwenmauls ist nicht nur ein beliebtes Kinderspielzeug, sondern eine zuverlässig arbeitende Kerbtierwaage. Nur für Bestäuber vom Gewicht einer Hummel öffnet sich die Unterlippe des Mäulchens, Fliegen, Schmetterlingen und vielen anderen Insekten bleibt der Nektar des Blütengrundes durch das elastisch schließende Blütentor unerreichbar.

Den ursprünglich roten Blüten des **Großen Löwenmauls** mit goldgelbem Schlund wurden durch Zucht viele andere Blütenfarben in einer großen Sortenzahl angereiht: Weiß, Gelb, Braun, Orange, Rosa, Purpur und viele Zwischentöne. Diese Farbskala ist in vier Grundgrößen der Pflanze erhältlich, so daß man aus einem besonders umfangreichen Sortenangebot auswählen kann.

Die kleinsten Sorten bleiben unter zwanzig Zentimeter – reizvolle Steinbeetblumen (Pumilum-Gruppe). Die hohen Sorten erreichen bis zu 120 Zentimeter Größe und tragen teilweise auch besonders große Blüten (Tetra-Sorten, Maximum- und Grandiflorum-Gruppe). Sie eignen sich vorzüglich als Schnittblumen. Dazwischen liegen halbhohe und niedrige Sorten.

Entsprechend der unterschiedlichen Wuchshöhen muß man die Abstände der Jungpflanzen halten. Obwohl sich das Große Gartenlöwenmaul nicht verzweigt, nehmen seine ausladenden Blütentrauben so viel Platz in Anspruch, daß man nach einer Faustregel ein Drittel der Pflanzenhöhe als Abstand zum nächsten Exemplar einhält. Man fördert die Blütenbildung aus Seitentrieben, wenn man welkende Blütenstände entfernt.

Das Löwenmaul stellt trotz großer Blütenfülle keine großen Ansprüche an Standort, Boden und Pflege. Es gedeiht noch im Halbschatten und bevorzugt eher schwere als leichte Böden.

Nelke (Dianthus)
Nelkengewächs

Die Nelken gehören zu den ältesten Gartenblumen Mitteleuropas. Die ihnen schon im Altertum entgegengebrachte Hochachtung der Griechen schlug sich in dem Gattungsnamen Dianthus nieder, der mit Zeus- oder Götterblume übersetzt werden kann. Vielleicht war es der süße Duft dieser Blumen, der besondere Aufmerksamkeit

Chinanelke

Nelkenknospe

erregte, denn die Blüten der Wildformen zeichnen sich weder durch Größe noch durch außergewöhnliche Formen aus. Wilde Nelken heben sich mit ihren kennzeichnend leuchtenden Rottönen dennoch unübersehbar von ihrer Umgebung ab, weil sie meist auf kargen Trockenböden wachsen, die eine nur schüttere Pflanzendecke hervorbringen.

Die fünf Kronblätter einfacher Nelkenblüten – sehr viele Zuchtformen sind gefüllt – verengen sich zur Blütenmitte zum sogenannten Nagel, der in einem langen, derbblättrigen Kelch steckt. Der Kelchgrund enthält Nektar, erreichbar nur für langrüsselige Kerbtiere wie Schmetterlinge und Hummeln.

Man nimmt an, daß die Nelkengewächse ursprünglich nur im Mittelmeergebiet beheimatet waren, daß sie sich von dort über Asien bis in den Fernen Osten und durch Afrika bis zum Südkap verbreitet haben.

Frühe Zuchtbemühungen um die Nelke, von der über 250 Wildarten zur Verfügung standen, führten schon in den vergangenen Jahrhunderten zu zahlreichen Kulturformen. Man kennt einjährige, zweijährige und ausdauernde Gartennelken in fast unübersehbar vielen Arten und Sorten. Sie haben gewöhnlich schmale, grasförmige Blätter von meergrüner Farbe.

Die meisten Sorten einjährig gezogener Nelken gehen aus Dianthus caryophyllus und Dianthus chinensis, der China-Nelke, hervor. Die letztgenannte Art gibt es in einfachen, gefüllten und mehrfarbigen Varietäten, unter ihnen die niedrige, polsterbildende Sorte »Persian Carpet« und die besonders reizvolle **Heddewigsnelke**. Bei ihr stehen auffallend große Blüten auf festen, niedrigen Stielen zwischen fünfzehn und dreißig Zentimeter Höhe. Auch hier findet man einfache, gefüllte und mehrfarbige Sorten.

Unter den sehr beliebten **Bartnelken** (Dianthus barbatus), bei denen die endständigen Blüten sich zu wirkungsvollen Büschen zusammenschließen, gibt es dreißig und vierzig Zentimeter hohe Sorten, die als Sommerblumen gezogen werden können. Allgemein zählen die Bartnelken zu den zweijährigen Gartenblumen.

Die häufigsten Nelkenfarben sind Weiß, Rosa und Rot in allen nur denkbaren Schattierungen.

Nelken lieben trockene Wärme, einen kalkhaltigen, nicht zu schweren Boden. Arten und Sorten, die viel Grün, hohe Stengel und üppige Blüten hervorbringen wie die Bartnelken, brauchen natürlich mehr Nährstoffe als kleine Formen oder solche, die den Wildarten noch nahestehen. Allgemein bevorzugen sie durchlässige Böden mit gutem Wasserabzug, Staunasse ist für Nelken Gift. Nur die ausdauernde **Prachtnelke** liebt feuchten, sogar moorigen Boden. Ihre reizvoll gefransten Kronblätter ähneln denen unserer wildwachsenden **Kuckucks-Lichtnelke**, die gleichfalls auf Feuchtwiesen gedeiht.

Einjährige Nelken sät man ab Februar in Töpfe und Schalen, je nach Lage ab März oder April ins Frühbeet. Jungpflanzen setzt man ab Mitte Mai ins Freiland. Da vorgezogene Nelkenpflanzen leicht bei Gärtnereien zu haben sind, sollte man von diesem Angebot Gebrauch machen. Die meisten Sommernelken blühen ab Juli, für die Herbstblüte kann man China-Nelken Ende Mai und Anfang Juni unmittelbar ins Freiland säen. Ein vollsonniger Standort ist die beste Voraussetzung für gutes Gedeihen der Nelken.

Phlox (Phlox)
Flammenblume
Sperrkrautgewächs

Phlox ist der Vielseitigkeitskünstler des Blumengartens schlechthin. Man bekommt ihn als Staude oder als einjährige Sommerblume. Die kleinsten Sorten werden fünf Zentimeter (Ph. douglasii), die größten dreißigmal so hoch. Die Möglichkeiten seiner Blütenfarben kennzeichnet man am treffendsten mit »alle«. Man müßte nur Grün ausklammern, hat aber neben den Grundfarben auch zahllose Übergänge, wie cremefarben und braun, außerdem gesprenkelte und gestreifte Blüten, solche mit weißen oder mit dunkleren Augen. Es gibt sogar dreifarbige Phloxblüten. Die Blütenform ist wandelbar. Meist sind die fünf Kronblätter ganzrandig rundlich, doch kommen schmale, gekerbte und gefiederte vor.

Phlox bildet dichte Bodenbedecker im Steingarten (Moosphlox) oder stattliche Stauden mit üppigen Blütenständen auf hohen Stielen von 150 Zentimeter Höhe (Maculata-Hybriden).

Obwohl der **Einjahrs-** oder **Sommerphlox** nur mit einer Art (Phlox drummondii) vertreten ist, steht der Farben- und Formenreichtum ihrer Sorten nicht hinter den mehrjährigen Phloxarten zurück.

Phlox heißt auf Griechisch die Flamme, der Gattungsname wurde demnach von einer rotblühenden Art abgeleitet. Es gibt nur eine asiatische Wildform des Phlox, die aber nicht kultiviert wurde. Unser Phlox stammt aus den warmen Teilen Nordamerikas. Er kam im Jahre 1732 nach Europa, Einjahrsphlox sogar erst gut hundert Jahre später aus Texas.

Der Siegeszug der Flammenblume begann für ihre Kulturformen in den vierziger Jahren des vergangenen Jahrhunderts, nachdem es dem Franzosen Lierval gelungen war, bunt blühende Sorten zu züchten. Immer wieder kommen neue Phloxsorten auf den Markt und bereichern die fast unabsehbar gewordene Fülle des Angebots. Bei Kindern erfreut sich der Phlox besonderer Beliebtheit, weil man aus der Kronröhre ausgezupfter Blüten Honig saugen kann.

An den Blüten sind die Einjährigen nicht ohne weiteres von den Mehrjährigen zu unterscheiden, jedoch leicht an den Laubblättern: Bei den Stauden wachsen sie gegenständig, beim Sommerphlox wechselständig.

Nach seiner Wuchsgröße teilt man den Einjahrsphlox in Zwergformen (Ph. drummondii »Compacta« oder »Compacta Nana«) mit fünfzehn bis zwanzig Zentimeter hohen Pflanzen, in mittelhohe und hohe Sorten (Ph. drummondii »Grandiflora« und »Gigantea«). So findet man beim Sommerphlox alle erwünschten Größen bis etwa sechzig Zentimeter Höhe; will man noch größere Büsche, muß man Phloxstauden pflanzen.

Da die niederen und mittleren Wuchsformen des Sommerphlox reich mit Blüten übersät sind oder kugelige Blütenstände bilden, eignen sie sich besonders gut für Beeteinfassungen. Man kann aber auch sehr vorteilhaft ganze Rabatten nur mit Phlox gestalten. Dafür spricht die lange Blühzeit des Phlox von sechs bis acht Wochen. Man verlängert sie für den Garten fast beliebig durch zeitlich gestaffelte Folgesaaten. Die langstieligen Sorten bewährten sich hervorragend als Schnittblumen.

Als Gegenleistung für seine verschwenderische Fülle und Vielseitigkeit sollten wir dem wärmeliebenden Phlox vollsonnige Standorte und humosen, nährstoffreichen Boden gönnen. Regen und Kälte machen ihm zu schaffen und können den Blüherfolg in Frage stellen. In günstigen Jahren blüht der Sommerphlox zweimal, wenn man die Pflanzen nach der ersten Blüte kräftig zurückschneidet und so zu neuen Trieben und Knospen anregt. Um solche »Doppelleistungen« zu erzielen, ist allerdings eine frühe Vorkultur erforderlich.

Phloxsamen verlieren schnell ihre Keimfähigkeit, man sollte sie deshalb jährlich neu kaufen. Ziemlich sichere Erfolge erzielt man mit Jungpflanzen, die man beim Gärtner kauft und ab Mitte Mai ins Freiland setzt. Um diese Zeit kann man Sommerphlox in den Garten säen, um auch noch im Herbst Blüten zu bekommen, vorausgesetzt, er ist sonnig. Zur eigenen Vorzucht sät man Phlox ab März in Schalen, setzt später in Töpfe um und pflanzt ab Mitte Mai aus. Ab April gelingen Aussaaten ins Frühbeet. Die Pflanzenabstände im Freiland sollten bei kleinen Sorten um zwanzig Zentimeter, bei größeren bis doppelt so viel betragen.

Impatiensglanduli-
fera, eine Balsamine
aus Ostindien,
wächst gut manns-
hoch. Unten: Blüte
derselben Pflanze.

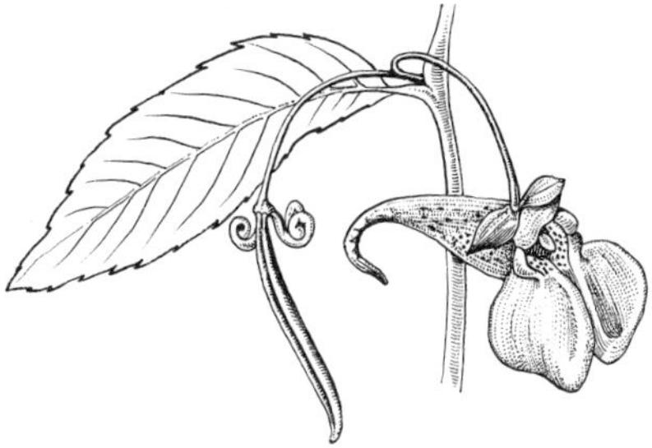

Springkraut (Impatiens)
Balsamine
Balsaminengewächs

Das zitronengelb blühende Springkraut wächst im Schatten unserer Wälder häufig. Seine an dünnen Stielchen aufgehängten großen, schön geformten Blüten mit langem Sporn erinnern an tropische Urwaldgewächse. Die weitaus meisten Arten der Balsaminenfamilie gedeihen in Äquatornähe Afrikas und Südostasiens.

Unser Springkraut verdankt seinen Namen der Schnellkraft seiner reifen Früchte: Sie stehen unter Spannung und schleudern schon bei leiser Berührung aufplatzend ihre Samen in die Umgebung. Der lateinische Gattungsname Impatiens (ungeduldig) und der Artname (I. nolitangere) für das **Echte Springkraut** unserer Wildflora findet seine Entsprechung in dem deutschen Namen Rührmichnichtan.

Aufspringende Früchte hat auch die stattliche **Garten-Balsamine** (Impatiens balsamina), die schon im 16. Jahrhundert aus tropischen Ländern nach Europa kam. Die zahlreichen Sorten blühen in Weiß, Rosa, Purpur, Violett, Gelb, zweifarbig, getüpfelt und gestreift. Nach der Art der Blütenfüllung unterscheidet man **Kamelien-Balsaminen, Nelken-Balsaminen** und **Rosen-Balsaminen. Zwerg-Balsaminen** werden nur 25 Zentimeter hoch, dagegen ist Impatiens glandulifera aus Ostindien eine überaus kräftige und große Pflanze von gut zwei Meter Höhe. Ihre purpurroten, bambusartig glatten Sproßachsen bilden vielgliedrige Büsche, von denen man nicht annehmen würde, daß sie in einem einzigen Sommer aus Samen hervorgewachsen sind. Die Wuchsleistung dieser Pflanze läßt sich durchaus mit der von Sonnenblumen vergleichen. Dabei blüht sie reich und lang, nämlich von Juni bis Oktober. Ihre schön geformten, meist zweifarbigen Blüten hängen ähnlich wie beim heimischen Springkraut an einem am Schwerpunkt ansetzenden Stielchen, so daß der Blütenkörper in der Waagerechten bleibt, eine Einladung an Bienen und Hummeln, die sich in großer Zahl einfinden.

Voraussetzung für solche Pracht ist ein humus- und nährstoffreicher Boden. Außer Gießen ist keine Pflege vonnöten, nicht einmal ein vollsonniger Stand. Die Pflanze unseres Farbbildes wuchs in 950 Meter Höhe auf einem Osthang im Schatten eines großen Fliederbusches. Im Gegensatz zum schnell welkenden Echten Springkraut halten sich die Blütenstände der beschriebenen Balsaminen in der Vase und duften herrlich.

Andere Impatiens-Arten werden als ausdauernde Pflanzen gezüchtet, die aber nicht winterfest sind.

Außer dem Echten Springkraut, das einen ständig feuchten Boden braucht, begnügen sich die Pflanzen mit üblichem Gießen bei längerer Trockenheit.

Die Springkräuter oder Balsaminen zieht man ab März im Frühbeet vor und pflanzt ab Mitte Mai aus.

Impatiens glandulifera sät sich trotz ihrer tropischen Herkunft selbst aus und übersteht den Winterfrost unbeschadet im Samen. Im nächsten Frühjahr kommen die Pflanzen ohne Zutun wieder zur Blüte. Man findet bisweilen verwilderte Bestände dieser stattlichen Pflanze.

Strohblume (Helichrysum)
Korbblütler

Diese Kinder der Sonne stehen nicht nur Bauerngärten gut, sondern können jeden Blumengarten mit ihren sonnigen Goldtönen bereichern. Durch ihre fast unbegrenzte Haltbarkeit bei voller Bewahrung ihrer Farben retten sie ein wenig Sommerglanz für den Winter.

Bei den glatten, glänzenden Blättchen, die als Strahlenkranz das oft andersfarbige Blütenkörbchen einrahmen, handelt es sich nicht um verwandelte Zungenblüten wie beim »Flammenrand« der Sonnenblume und vielen anderen Korbblütlern, sondern um farbig gewordene Hüllblätter des Blütenstandes, die nicht aus Blüten hervorgingen. Einen ähnlichen Bauplan finden wir bei der Silberdistel, deren Blütenstände gleichfalls haltbar sind.

Der wissenschaftliche Gattungsname der Strohblume, Helichrysum, bedeutet so viel wie Sonnengold (aus dem Griechischen). Wir finden bei den Strohblumen vor allem die warmen Farben von Gelb über Orange bis Rot und Braun, auch ein bräunliches Violett, aber niemals Blau.

Von den rund fünfhundert Arten der Strohblume in der Alten Welt und in Australien wird als Einjährige vor allem die **Gartenstrohblume** (H. bracteatum) gezogen. Ihre vielleicht beliebteste Sorte ist »Monstrosum«, deren Blüten besonders groß werden. Unter ihnen finden wir weiße und rosa Blüten.

Neben diesen langstieligen Strohblumen, die bis zu hundert Zentimeter Höhe erreichen, gibt es halb so hohe Sorten wie »Nanum«.

Unter den ausdauernden Arten der Strohblume (Stauden) werden Zwerge von nur fünf Zentimeter Höhe angeboten; sie eignen sich besonders gut fürs Steinbeet. Ihre Blätter bilden silbrige Rosettenpolster.

Die Strohblume stellt hohe Ansprüche an Sonne und Wärme, aber nur geringe an Nährstoffgehalt und Feuchtigkeit der Erde. Am liebsten sind ihr leichte, eher magere, durchlässige, also sandige Böden. Doch wächst sie auch auf nicht zu bindigem Lehm.

Man kann Strohblumen in geschützten Lagen ab Anfang Mai ins Freiland säen, doch empfiehlt sich die Vorzucht mit einer um vier Wochen früheren Aussaat ins Frühbeet. An ihrem endgültigen Standort sollten die Pflanzen auf etwa dreißig Zentimeter Abstand gebracht werden, kleineren Sorten genügt entsprechend weniger Platz.

Staudenphlox

In Gartenmischungen mit Strohblumen ist oft das **Katzenpfötchen** (Antennaria dioica) enthalten. Man faßt die unverwelkbaren Blumen beider Gattungen bisweilen als Immortellen zusammen, was so viel heißt wie »die Unsterblichen«. Doch auch die einjährige **Papierblume** (Xeranthemum annuum) wird als Immortelle bezeichnet.

Katzenpfötchen eignen sich besonders gut in Mischung mit Strohblumen zu Dauersträußen. Als Einzelpflanzen finden sie weniger Beachtung, denn sie blühen in gedeckten Farben und kleinen Blütenköpfen. Je nach Sorte erreichen sie zehn bis vierzig Zentimeter Höhe.

Studentenblume (Tagetes)
Samtblume
Korbblütler

Wenn eine Gartenblume mehrere deutsche Namen trägt, kann das als Hinweis dafür gelten, daß sie schon lange Zeit in unseren Gärten verbreitet ist. Die Studentenblume kleidet sich in Samt, daraus leiten sich ihre älteren Bezeichnungen Sammetblume und Hoffahrtsblume ab. Ihre Herkunft aus der Neuen Welt führte zu dem gleichfalls früher gebräuchlichen Namen Indianische Nelke. Das örtlich verwendete »Stinkerle« bezieht sich auf den strengen bis

unangenehmen Geruch der grünen Blätter. Er rührt von ätherischem Öl her, das durch kleine Drüsen abgegeben wird. Den Züchtern ließ dieser »Nachteil« offenbar keine Ruhe, denn es gibt heute geruchlose Tagetessorten. Und aus einfachen Blüten wurden

Tagetes. Rechts: T. tenuifolia »Ornament«.

gefüllte, aus ursprünglich rotbraunen gelbe, orangefarbene, rote und zweifarbige.

Unsere Kulturformen der Tagetes sind immer einjährig. Von den vielen wildwachsenden Arten des südlichen Nordamerika haben sich vor allem zwei bei uns durchgesetzt, von denen es jeweils eine ganze Reihe von Sorten verschiedener Gestalt und Größe gibt. Tagetes erecta, die **Aufrechte Sammetblume**, bringt verzweigte Büsche bis zu einem Meter Höhe mit meist gefüllten Blüten hervor. Besonders die tief samtbraunen Sorten bereichern den Sommerflor des Gartens um eine verhältnismäßig seltene Farbe. Die Blüten dieser Art werden bis zu zehn Zentimeter groß. Unter den T.-erecta-Hybriden gibt es wahre Riesen bis 130 Zentimeter Höhe, außerdem unterscheidet man nelken- und chrysanthemenblütige Sorten; unter ihnen geruchlose.

Tagetes patula, die **Ausgebreitete Sammetblume**, umfaßt ebenfalls die kennzeichnenden Blütenfarben von Braun über Goldgelb bis Orange, doch bleiben diese Pflanzen meist unter dreißig Zentimeter und haben kleinere Blüten.

Schließlich ist noch die gleichfalls niedrig bleibende Art T. tenuifolia zu nennen, reich blühend, aber mit kleinen, teils zweifarbigen Blüten. Diese Art eignet sich gut für dichte Bodenbedeckung. Tagetes nimmt mit jedem Gartenboden vorlieb, braucht aber möglichst volle Sonne. Jungpflanzen gibt es in jeder Gärtnerei, man setzt sie ab Mitte Mai in den dann schon gut durchwärmten Gartenboden. Für eigene Anzucht sät man ab März in Saatkästen oder ab April ins Frühbeet. Je nach Höhe der Sorte wird man sie später auf zwanzig bis dreißig Zentimeter Pflanzenabstand vereinzeln. Bei Tagetes kann man selbst Samen gewinnen und ihn im nächsten Frühjahr verwenden.

Die Studentenblumen stellen keine besonderen Pflegeansprüche, man sollte sie eher trocken als zu feucht halten. Die Jungpflanzen sind frostempfindlich.

Trompetenzunge (Salpiglossis sinuata)
Brokatblume
Nachtschattengewächs

Diese außergewöhnlich reizvolle Blume aus Chile gehört zur selben Pflanzenfamilie wie die Tabakpflanze, Paprika, Tomate und

Kartoffel, bedeutende Gäste aus der Neuen Welt. Die Nachtschattengewächse sind aber auch unter unseren heimischen Wildpflanzen mit etlichen Gattungen vertreten, zum Beispiel Bilsenkraut, Tollkirsche und Bocksdorn.

Die verschiedenen Kulturformen der Trompetenzunge gehen alle auf eine Art zurück. An verzweigten Stengeln sitzen rauhe Blätter mit Drüsenhaaren, deren Ausscheidungen die Pflanze etwas klebrig macht. Darin und in der Blütenform eines breit ausgewölbten Trichters erinnert die Trompetenzunge an unsere Balkonpflanze Petunie, welche ebenfalls zu den Nachtschattengewächsen gehört, die aus Südamerika zu uns kamen und als Kulturpflanzen weitergezüchtet wurden.

Die Innenseiten der in elegant geschwungenen Doppelzungen auslaufenden Trompeten zeigen eine fein gezeichnete, zwischen verschiedenen Farben abgesetzte Maserung. Sie führte zu dem Namen Brokatblume. Diese Gewächse zeigen die Fähigkeit, an einer Pflanze Blüten in drei bis vier verschiedenen Farben hervorzubringen. Es gibt Blüten in den Grundfarben Weiß, Gelb, Goldgelb, Orange, Braun, Rosa, Dunkelrot, Purpurrot und Violett. Wie sehr man sich an dieser Blütenpracht begeistern kann, drückt der folgende Satz der bekannten Gartenbuchautorin Margot Schubert aus:

»Sie sind wahre Farbenwunder von orchideenhafter Pracht, unwahrscheinliche Geschöpfe einer geradezu üppigen Spenderlaune der Natur, die hier für wenige Monate einen Reichtum ohnegleichen entfaltet.«

Natürlich ergeben die Trompetenzungen mit ihrem Blütendurchmesser bis fünf Zentimeter besonders prunkvolle Schnittblumen von allerdings begrenzter Haltbarkeit. Die Pflanze erreicht eine Höhe von sechzig bis achtzig Zentimeter. Empfehlenswerte

Trompetenzunge mit Brokatzeichnung.

Sorten sind unter anderem »Grandiflora« und die »Kaiser-Trompetenzunge« (»Superbissima«).

Die Trompetenzunge braucht viel Sonne und einen humosen Boden, doch unterscheidet sie sich darin nicht von den meisten anderen Sommerblumen. Sie kommt mit wenig Feuchtigkeit aus. Die Vorkultur der Trompetenzungen gleicht der anderer Sommerblumen, die sich besser entwickeln, wenn man im Mai schon Jungpflänzchen gezogen hat. In günstigen Lagen kommen auch erst im

Mai gleich ins Freiland gesäte Pflanzen noch zur Blüte, doch empfiehlt es sich für bessere und längere Entfaltung dieser im besten Sinne aufsehenerregenden Sommerblume, wenn man Jungpflanzen beim Gärtner kauft.

Die einen ähnlichen Namen tragende **Trompetenblume** (Campsis) ist eine Kletterpflanze aus dem Fernen Osten mit gleichfalls außergewöhnlich prächtigen, langgezogenen Trompetenblüten. Wegen ihrer Kälteempfindlichkeit kommt diese mehrjährige Pflanze für unsere Gärten kaum in Frage.

Verbene (Verbena)
Eisenkraut
Eisenkrautgewächs

Die Stammformen unserer Kultursorten wachsen sowohl in der Alten als auch in der Neuen Welt. Das gewichtigste Mitglied der Eisenkrautgewächse ist der Teakbaum aus den tropischen Ländern Asiens. Eine besondere Eigenschaft macht das Teakholz für den Schiffbau so begehrt: Es hält sich, obwohl es nicht besonders schwer ist, gut im Wasser – auch in Verbindung mit Eisenteilen.

Der deutsche Name der artenreichen Gattung Verbene geht wahrscheinlich auf die dem **Eisenkraut** in früheren Zeiten nachgesagte Heilkraft für Wunden, die durch Eisenwaffen geschlagen wurden, zurück. Außerdem sollte es möglich sein – so glaubte man –, mit dem Eisenkraut eine dahinschwindende Liebe wieder zu befeuern. Im übrigen verwendete man die Pflanze gegen Schmerzen, Rheuma und Fieber.

Die duftenden Einzelblüten der Verbene schließen sich zu doldig-kugeligen Blütenständen zusammen. Der große Farbenreichtum heutiger Zuchtformen entstand durch Kreuzungen mit Verbenaarten aus Mittel- und Südamerika. In zahlreichen Sorten sind nahezu alle denkbaren Farbtöne erhältlich – nur Gelb und seine Abstufungen zu anderen Farben fehlen. Hinsichtlich der Pflanzengröße geben die einzelnen Sorten gute Wahlmöglichkeit, doch wird eine Höhe von fünfzig Zentimeter nicht überschritten.

Die sehr niedrige Sorte »Compacta« eignet sich wegen ihrer Dichtwüchsigkeit besonders gut für Blumenmosaike. Größere Sorten wie »Mammut« bringen auch größere Blüten hervor.

Eisenkraut zeichnet sich durch besonders lange Blühdauer aus, je nach Saat oder Pflanzung von Juli bis Oktober. Die größeren Sorten eignen sich als Schnittblumen.

Die Blühfreudigkeit der Verbenen setzt vollsonnigen Standort voraus, dagegen sind sie mit jedem Gartenboden zufrieden. Während der Blütezeit müssen die Pflanzen bei ausbleibendem Regen gut gegossen werden.

Ab März wird in Schalen oder Kästen gesät – am besten bei Zimmertemperatur. Die heranwachsenden Jungpflanzen dürfen nicht kalt stehen. Mitte bis Ende Mai setzt man sie ins Freiland. Die in Gartenbüchern empfohlene mehrmalige Flüssigdüngung während eines Sommers erübrigt sich, wenn die Erde vor der Bepflanzung eine Kompostgabe erhält. Die kleineren Sorten nimmt man gern für Balkonbepflanzungen.

Zinnie (Zinnia)
Korbblütler

Der Name Zinnie, so scheint es, ist gut gewählt; kann man doch den matten Schimmer dieser Blüten mit der Oberfläche polierten Zinns vergleichen. In Wirklichkeit leitet sich die Gattungsbezeichnung dieser Pflanzen von einem Professor namens Zinn ab, einem Pflanzenforscher des 18. Jahrhunderts.

In europäischen Gärten wurde diese unverwechselbare Sommerblume tropischer Herkunft erst in der ersten Hälfte des 19. Jahrhunderts verbreitet. Kaum eine andere Gartenblume entwickelt so dichte, man möchte sagen glimmende Farben auch in dunklen Tönen wie die Zinnie. Sie verleiht in der Mischung mit anderen Sommerblüten einer lebenden Blumenkomposition Festigkeit. In Mischungen der eigenen Art wirkt sie ernst und feierlich, fast ein wenig steif, aber in ihrem Farbenfeuer geradezu unwirklich schön. Die Zinnie stammt aus Mexiko; nach der Überlieferung wurde sie schon von den Azteken angebaut.

Von den siebzehn in der Neuen Welt heimischen Arten der Gattung stehen nur vier für unsere Gärten zur Verfügung. Der Sortenreichtum dieser Arten ist jedoch so groß, daß für Größen und Farben eigentlich keine Wünsche offen bleiben dürften. Wie viele andere Blumengattungen bringt die Zinnie vor allem warme Blütenfarben hervor, also Gelb, Goldgelb, Orange, Feuerrot und Rotbraun, aber auch Purpur, Violett, reines und grünliches Weiß und eine Reihe zartester Rosastufen. Für die Blütenform – einfach oder gefüllt – unterscheidet man dahlien-, skabiosen- und chrysanthemenblumige Sorten.

Eine sehr kleine Form mit der Bezeichnung »Lilliput« wird nur zwanzig bis dreißig Zentimeter hoch, umfaßt aber, wie die größeren Sorten, die ganze Farbenskala der Zinnien.

Zu den großen und beliebtesten Arten gehört Zinnia elegans in allen Größenstufen bis hundert Zentimeter. Außer Blau, das bei Zinnien nicht vorkommt, bringt auch diese Art alle Farben und Zwischentöne hervor. Die Riesenzinnie, eine dahlienblütige Sorte dieser Art, erreicht Blütendurchmesser von zehn Zentimetern.

Bei der meist gefüllten Zinnia angustifolia liegen die »Blumenblätter« dachziegelartig übereinander. Sie wird nur vierzig Zentimeter hoch, wächst aber breit und buschig und ist besonders widerstandsfähig. Ihre Blüten kann man als Trockenblumen aufheben.

Die niedrigste Sorte »Thumbelina«, was soviel wie Däumling heißt, bleibt meist unter zwanzig Zentimeter Höhe. Sie ist in vielen Farben erhältlich.

Die langstengeligen Zinnien ergeben sehr dankbare Schnittblumen mit guter Haltbarkeit. Man schneidet sie in erblühtem Zustand, weil Knospen im Wasser nicht aufgehen.

Entsprechend ihrer tropischen Herkunft brauchen Zinnien sehr viel Wärme und leiden unter naßkaltem Wetter. Die Jungpflanzen sind gegen Spätfröste viel empfindlicher als beispielsweise Phlox, man wird sie deshalb nicht vor Mitte oder Ende Mai ins Freiland setzen. Freilandsaaten zu dieser Zeit bringen erst sehr späte

Blüte, deshalb werden Zinnien in Saatkästen und im Frühbeet schon ab März vorgezogen. Auspflanzen sollte man bei mild-warmem Wetter, auf keinen Fall unter praller Sonne.

Zinnien wollen humosen, eher nahrhaften, auf keinen Fall zu leichten Boden. Trotz ihrem großen Wärmebedürfnis gedeihen sie noch im Halbschatten, wenn sie wenigstens für einen Teil des Tages volle Sonne bekommen. Je nach Anzucht oder Aussaat blühen die Zinnien von Juli bis Oktober. Ihr Laub wird gern von Schnecken gefressen, bei zu engem Stand und ungünstiger Witterung können sie unter Grauschimmel leiden. Wenn ihnen übermäßige Nässe und Kälte erspart bleiben, sind Zinnien dankbare und unschwierig anzubauende Gartenblumen.

◁ Zinnienblüten. Rechts unten: Dahlienblütige Riesen »Scarlet Flame« (Blaupunktsamen).

Durch Vorkultur verlängern wir mit hauseigenen Mitteln die warme Jahreszeit. Wir ermöglichen damit das Gedeihen von Pflanzen in unserem Garten, die ihren natürlichen Bedürfnissen nach nur in wärmeren Ländern zur Blüte oder Reife kommen. Wir verlegen damit aber auch Blühzeiten des Herbstes in den Sommer oder des Hochsommers in den Frühsommer.

Die im folgenden beschriebenen Arbeiten der Pflanzenvorzucht im Haus oder im Frühbeet werden dann überflüssig, wenn man die Jungpflanzen beim Gärtner holt. Sie sind dort preiswert zu haben, weil sie der Erwerbsbetrieb in großen Stückzahlen und in geeigneten, arbeitssparenden Anlagen heranzieht. Rechnet man die Zeit, die man selbst für Vorkulturen aufwenden muß, dann lohnt es sich nicht, die Ausgaben für gartenfertiges Pflanzgut sparen zu wollen. Gerade der Anfänger wird sich im ersten und zweiten Jahr leichter tun, wenn er sich mit solchen Arbeiten erst später beschäftigt; er kann sich dann den wirklich notwendigen Gartenarbeiten mit um so mehr Zeit und Ruhe widmen.

Ein ganz anderer Gesichtspunkt ist die Freude, die man am Heranziehen von Jungpflanzen aus Samen haben kann. Täglich beobachtet man die Saatschale am Fensterbrett, die Töpfe oder Kästen in einem anderen Raum, um zu sehen, wann die Saat aufläuft, wie sich die Pflänzchen entwickeln. Dies beginnt in einer Jahreszeit, in der es üblicherweise draußen noch nicht viel zu tun gibt. Wer kennt nicht die Ungeduld des Gartenfreundes ab März! Man möchte endlich loslegen, aber die Erfahrung sagt, daß es noch zu früh ist.

Will man sich erstmalig mit dem Vorziehen von Jungpflanzen vertraut machen, dann empfiehlt es sich, mit wenigen Pflanzenarten zu beginnen. Ein Hauptfehler liegt darin, daß man alle Pflanzgefäße vollsät und dann für die heranwachsenden Jungpflanzen nicht genügend Plazt findet.

Für das Säen der Vorkultur im Haus gibt es flache Handkästen, doch eignen sich alle feuchtigkeitsunempfindlichen Gefäße dafür, wenn sie nur Abzugslöcher am Boden haben. Zum Einlegen größerer Samen, wie Sonnenblumenkerne, nimmt man vorteilhaft kleine oder mittlere Blumentöpfe, die man batterieweise aufstellt. Die Abzugslöcher der Gefäße werden mit Tonscherben abgedeckt, den Boden belegt man mit Kies, damit sich dort kein Wasser staut.

Nun füllt man mit einem hälftigen Gemisch aus reifer Komposterde und Sand auf. Hat man keinen Komposthumus, nimmt man lockere Gartenerde der oberen Bodenschicht, die man mit käuflicher Blumenerde oder etwas Torf durchmischen kann. Gute Dienste leistet auch Waldboden des Misch- oder Laubwaldes, auf keinen Fall aber die saure Erde unter Nadelbäumen. Es versteht sich von selbst, daß man größere Mengen Erde nicht einem fremden Wald, sondern dem eigenen Grundstück entnimmt.

Die Erdoberfläche im Pflanzgefäß sollte nicht mit dem Kastenrand abschließen, sondern etwas tiefer liegen. Sie wird mit einem Brettchen geglättet.

Statt eigene Erde zu verwenden, kann man auch TKS I kaufen, ein Torfkultursubstrat, das für diesen Zweck entwickelt wurde. Nun sät man flächig oder in Reihen und siebt eine dünne Schicht Sand oder Sand-Erde-Gemisch auf die Samen. Natürlich kann man den Sand auch vorsichtig von Hand aufbringen, doch darf die Schicht nur einige Millimeter stark sein. Zuletzt feuchtet man mit feiner Brause oder mit dem Wäschespritzer an.

Handkästen oder Saatschalen werden üblicherweise mit Glasscheiben abgedeckt, die man jedoch nicht dichtschließend auf die Gefäßränder legt; vielmehr sollte durch dazwischen gelegte Lüfthölzer – Streichhölzer und Bleistifte tun diesen Dienst – ein Belüftungsabstand gehalten werden. Die Abdeckung schützt das Saatgut vor Zugluft und damit vor schnell schwankenden Temperaturen. Der Keimvorgang erfordert kein Licht, ein abgedunkelter Raum ist vorteilhaft, aber nicht Bedingung.

Nach dem Auflaufen der Saat brauchen die Keimlinge Licht, um sich fortzuentwickeln. Man sollte sie aber in den ersten Tagen vor unmittelbarer Sonnenbestrahlung schützen. Die Glasscheibe kann jetzt abgenommen werden; die Verdunstung wird sich dadurch erhöhen, man muß für eine gleichmäßige Feuchtigkeitszufuhr durch Gießen sorgen.

Bald haben wir dichte Reihen von Pflänzchen oder bei Flächensaat einen kleinen Wald im Handkasten. Die Pflanzenkinder werden jetzt vereinzelt (pikiert). Das kann je nach Jahreszeit und verfügbaren Einrichtungen gleich ins Frühbeet, in Töpfe oder in andere Saatkästen geschehen. Man sollte die Pflanzenabstände großzügig bemessen, sonst muß man noch einmal oder noch mehrere Male umsetzen, damit die heranwachsenden Jungpflanzen sich nicht gegenseitig behindern.

Es gibt heute tiefgezogene Plastikplatten, deren Vertiefungen als Pflanztöpfe dienen (Multitopf). In jeden Napf wird eine Pflanze gesetzt, die dort ungehindert ihre Wurzelballen bilden kann. Später nimmt man die Pflanze mit ihrem Ballen heraus und bringt sie an ihren Standort ins Freiland. Diese Methode ist zweifellos die schonendste. Man kann auch gleich in den Multitopf säen. Da nicht jeder Samen keimt, legt man jeweils drei Samenkörner mit kleinem Abstand ein und läßt später nur die stärkste Pflanze stehen.

Doch kehren wir noch einmal zum Pikieren zurück, denn diese Arbeit erfordert Geduld und Fingerspitzengefühl. Man löst jeweils einen ganzen Bund von Pflänzchen vorsichtig aus der Erde – die Sandbeimischung erweist sich jetzt als sehr vorteilhaft –, sticht mit einem dünnen Pflanzholz eine Vertiefung in die Erdfläche, läßt das Pflänzchen hineinrutschen und drückt die Erde von beiden Seiten sanft an. Danach wird gegossen. Weder darf der Wurzelhals aus der Erde schauen, noch dürfen grüne Pflanzenteile zugedeckt werden. Besonders lange Wurzeln werden mit der Schere eingekürzt oder mit dem Fingernagel abgeknipst – das Pflänzchen wächst dann um so leichter an.

Pflanzen spüren zwar keinen Schmerz, aber sie empfinden plötzliche Kälte oder Wärme sehr wohl und können durch einen solchen Schock in ihrer Entwicklung gestört werden. Man muß deshalb Pflanzen, die man bei Zimmertemperatur vorzog, erst abhärten, bevor man sie ins Freiland setzt. Das geschieht durch eine Zwischenstation in einem ungeheizten Raum. Die Übergänge vom Haus ins Frühbeet und vom Frühbeet ins Freiland gestalten sich meist weniger kraß, zumal sich die Belüftung des Frühbeets verändern läßt.

Wie im Gemüsegarten, so kann man auf Blumenbeeten durch Folientunnel oder ähnliche Hilfsmittel günstigere Wachstumsbedingungen schaffen als sie der Jahreszeit entsprechen. Im gemischten Hausgarten wird man bei Blumen auf solche Förderung eher verzichten und die vorhandenen Einrichtungen lieber den Gemüsepflanzen zugute kommen lassen.

Pflanzen, die aus Blumentöpfen ins Freiland sollen, setzt man mit dem ganzen Topfinhalt um. Man hält dazu mit der linken Hand die Pflanze zwischen Daumen und Zeigefinger leicht fest und drückt die Handfläche nach unten. Man ergreift den Blumentopf mit der Rechten, stürzt ihn und klopft einmal kurz auf einen festen Gegenstand, Tischkante, Treppenstufe, Eimer oder Gießkanne.

Der Topfinhalt löst sich dadurch heraus, man setzt ihn in das vorbereitete Pflanzloch.

Topfpflanzen können sich mit weit entwickelten Wurzeln so in ihr Gefäß »krallen«, daß sie auf diese Weise nicht zu lösen sind. Man nimmt dann ein Messer und führt es um den Wurzelballen am Innenrand des Topfes entlang, so werden höchstens die äußersten Wurzeln beschädigt.

Für jedes Umpflanzen sollte man ein spitzrundes Handschäufelchen, die Pflanzkelle, benutzen. Man erleichtert der Pflanze das Anwachsen, wenn man das Pflanzloch etwas größer aushebt und mit reifer Komposterde unterfüttert. Dies gilt für das Umsetzen größerer Pflanzen, nicht für das Auspflanzen aus der Vorkultur. Die Bodenvorbereitung ist hier die gleiche wie die für das Aussäen: lockern und Komposthumus oberflächlich einarbeiten, nach dem Pflanzen eine dünne Mulchschicht aus feinem Material ausbreiten, man kann dafür auch Torf nehmen.

V ZWEIJÄHRIGE BLUMEN

Es gibt auch von dieser verhältnismäßig kleinen Gruppe der Gartenblumen viel mehr als wir aufzählen können. Mit welcher Berechtigung halten wir die erwähnten für wichtiger als die nicht erwähnten? Es geht in unserer Darstellung nicht um einen möglichst vollständigen Pflanzenkatalog, sondern um Ratschläge und Anregungen. In diesem Sinne scheint es mir nützlicher zu sein, den jeweiligen Pflanzenbeschreibungen ein paar Hinweise auf die Herkunft oder auf den Familienzusammenhang der Blumen zu geben, als es nur bei dürren Angaben über Wuchshöhe und Auspflanztermine zu belassen. Bei dem unübersehbar gewordenen Sortenreichtum unserer Gartenpflanzen sind solche Angaben ohnehin fragwürdig, sie können nur Anhaltspunkte geben.

Wer sich einen Überblick über das jeweils aktuelle Angebot an Gartenblumen verschaffen will, kann dies gut anhand der Samen- und Pflanzenkataloge tun, die jährlich neu zur Verfügung stehen. Den Gartenanfänger werden diese kleingedruckten Angebote, gespickt mit wissenschaftlichen Namen, zunächst eher verwirren als aufklären. Aber hat man erst einmal einige dieser Gewächse im eigenen Garten zum Blühen oder Reifen gebracht, dann findet man sich mit den Jahren durch und läßt es damit bewenden, einen angemessenen Teil der Möglichkeiten zu nutzen. Schließlich kann man ja auch nicht an mehrere Orte zugleich in den Urlaub fahren. Manche Leute besuchen viele Jahre hintereinander immer wieder denselben Urlaubsort. Darin drückt sich kein Mangel an Fantasie aus, sondern die Liebe zu vertrauten Verhältnissen, zu Menschen und zu einer Landschaft, die man kennt und doch immer wieder neu kennenlernt.

Ähnlich ist es mit dem Garten. Es macht Spaß, züchterische Neuheiten auszuprobieren, aber eine noch tiefere Befriedigung liegt darin, liebgewordene Pflanzenarten jährlich neu heranwachsen zu sehen oder zu anderen, die im Garten alt werden, eine mit den Jahren innigere Bindung zu entwickeln. Man kann eine solche Zuneigung zu Pflanzen nicht eigentlich anstreben, sie stellt sich wie von selbst ein, wenn man sie pflegt – so wie man ein Haustier liebgewinnt, mit dem man täglich umgeht.

Pflanzenzüchter und Gärtner brauchen klare Einteilungen; sie wurden mit den Begriffen

1. Einjahresblumen, Sommerflor oder Annuellen,
2. Zweijahresblumen, Halbstauden oder Biennen,
3. ausdauernde Kräuter, Stauden oder Perennen

geschaffen.

Aber die Übergänge fließen. Viele Mitglieder unseres Sommerflors sind von Natur aus mehrjährige Pflanzen, die wir einjährig anbauen, weil sie den Winter im Freiland nicht überstehen würden. Der Winter unserer Breiten beendet ihr Leben nach der ersten Blüte.

Bei den Gartenblumen, die wir zweijährig ziehen, handelt es sich um drei Gruppen mit fließenden Übergängen:

1. Pflanzen, die man auch einjährig, also in einer Vegetationsperiode zur Blüte bringen kann – gegebenenfalls mit Vorkultur,
2. Pflanzen, die von Natur aus zweijährig sind wie ihre wildwachsenden Stammformen,
3. Pflanzen, die eigentlich zu den Stauden gehören, also mehrjährig sind, aber nur zweijährig gezogen werden, weil dann ihre Blühfreudigkeit nachläßt oder die Pflanzengestalt unansehnlicher wird.

Die Zweijahresblumen schließen ihren Kreis vom Keimen bis zur Fruchtreife oft innerhalb einer Jahresdauer, doch haben sie an zwei Sommern teil, weil sie den Winter überstehen können. Sie leben länger als die Einjährigen, denen in Wirklichkeit nicht ein Jahr, sondern nur eine warme Jahreszeit zugemessen ist.

Monatsangaben für Aussäen, Verpflanzen und Blühzeit der Gartenblumen sollte man nur als durchschnittliche Erfahrungswerte oder Vorschläge betrachten. Die Blühzeit vieler Zweijährigen kann man je nach Aussaat oder Vorkultur in den Frühling, Sommer oder Herbst legen, und in dieser Wahlmöglichkeit liegt für den Gartenfreund ein besonderer Reiz.

Durch geschickte Verzahnung dieser Gruppen erreicht man einen blühenden Garten vom Frühling bis in den Spätherbst. Die Grenzen zwischen dem, was gelingt und nicht, erfährt man durch Erfolge und Rückschläge. Einem wirklichen Risiko setzt man sich nie aus, wenn man die Versuche mit neuen Pflanzenarten oder unerprobten Pflanzzeiten in ein angemessenes Verhältnis zu den Anbauarten setzt, die mit Sicherheit gelingen.

Grundsätzlich und zunächst sollte man vom natürlichen Rhythmus der Zweijährigen ausgehen: Nach der Blüte im Hochsommer reift die Frucht, die Pflanze samt sich aus. Während der Samen bei den Einjahresblumen etwa unserer Wiesen liegenbleibt, also überwintert, und im nächsten Frühjahr keimt, laufen die Samen der Zweijährigen noch im Spätsommer oder Herbst auf und entwikkeln sich zu mehr oder weniger winterharten Jungpflänzchen. Winterhart sind sie bei den durch Zucht noch wenig veränderten Arten, die auch wild in unserem Klima wachsen, zum Beispiel Königskerze oder Roter Fingerhut. Empfindlicher sind sie bei Pflanzenarten, die aus wärmeren Ländern stammen, oder bei Hybriden zwischen solchen und heimischen Arten.

Wir führen im folgenden die gebräuchlichsten Zweijährigen auf. Unter ihnen sind die Mariendistel, die Marienglockenblume und einige Königskerzenarten echte Zweijährige, während Bartnelken, Fingerhüte, Stiefmütterchen, Stockmalven und Tausendschönchen auch mehrjährig wachsen würden, doch lassen sie dann in ihrer Blütenentfaltung nach, so daß sie besser zweijährig gezogen werden. Von dem bei den Einjährigen erwähnten Goldlack gibt es zweijährige Sorten. Ebenso ist der Islandmohn (Papaver nudicaelu) eine dankbare Zweijahresblume, er sät sich immer wieder selbst aus. Näheres über die Mohnarten stand bei den einjährigen Sommerblumen.

Auf Tabellen oder Samentüten findet man für die Zweijährigen das Symbol des Kreises mit zwei Punkten darin.

Bartnelke (Dianthus barbatus)
Nelkengewächs

Die überaus dankbaren Bartnelken gehören zu den beliebtesten Zweijahrespflanzen. Sie blühen üppig und lang in Weiß, Rosa, Rot, Violett und in reizvollen mehrfarbigen Blütenmustern mit oft starken Kontrasten. In bunten Mischungen angebaut, brauchen die Bartnelken keine Verstärkung durch andere Blumen. Sie werden etwa fünfzig Zentimeter hoch und gedeihen in jedem humosen Gartenboden. Aussaat der zweijährigen Sorten im Juni in ein Frühbeet oder auf ein Saatbeet im Freiland. Die Jungpflanzen pikiert man einmal und setzt sie im August oder September an ihre endgültigen Standorte. Sie blühen dann ab nächsten Juni.

Bartnelken werden auch einjährig gezogen. Mehr über Nelken wurde bei den einjährigen Sommerblumen gesagt.

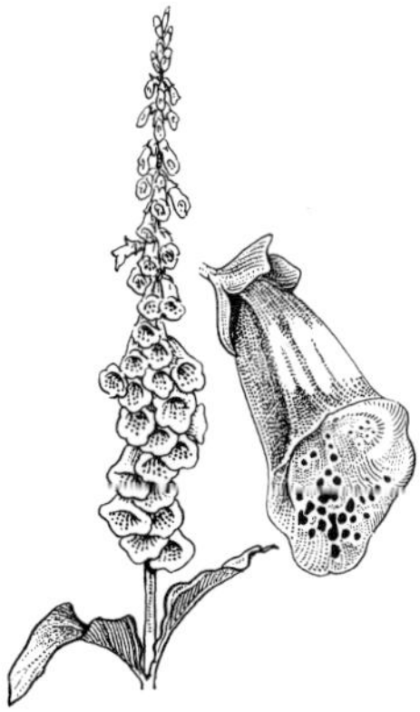

Fingerhut (Digitalis)
Braunwurzgewächs, Rachenblütler

Die drei in unserer Heimat wachsenden Wildarten des Fingerhut gehören zu den auffälligsten Blütenpflanzen der Flora. Der bis 150 Zentimeter hohe **Rote Fingerhut** (Digitalis purpurea) kommt mit seiner Überfülle leuchtend roter Glocken an kräftigem Schaft vor dunkelgrünem Nadelgehölz am besten zur Geltung. Da er kalkarmen, sauren Boden liebt und im Halbschatten gedeiht, findet man ihn auf Lichtungen und Kahlschlägen des Fichtenwalds. Die Gartenform trägt denselben Namen und unterscheidet sich in ihren Bodenansprüchen kaum von der Wildpflanze. Für betont alkalische Böden eignet sie sich deshalb nicht.

Man erhält darüber hinaus reizvolle Hybriden in verschiedenen Farbstufen von Weiß über Cremefarben und Rosa bis Rot mit braunrot gefleckten Glocken wie bei der Wildart. Besonders prächtige Blüten bringt die Sorte »Gloxinaeflora«, der **Gloxinienblütige Fingerhut**. Ähnlich der Wildart ist die Gartenform des **Gel-**

Fingerhut

Bastnelken

ben Fingerhut (D. lutea) wesentlich niedriger als der Rote Fingerhut. Der Gelbe Fingerhut wächst mehrjährig, der Rote in der Regel zweijährig, doch kann man ihn auch noch in Folgejahren zum Blühen bringen, wenn man ihn gleich nach der Blüte zurückschneidet.

Im Juni wird ausgesät, im August oder September setzt man die Jungpflanzen an ihren Platz und hält einen Abstand von etwa vierzig Zentimeter ein. Je nach Sorte wird sich der Fingerhut in den nächsten Jahren selbst aussamen und für reichliche Nachkommenschaft sorgen.

Königskerze (Verbascum)
Wollblume
Braunwurzgewächs, Rachenblütler

In unserer Wildflora zählen die Königskerzen zu den stattlichsten Erscheinungen. Sie bilden im ersten Sommer nur Blattrosetten und

Pfahlwurzeln, um im zweiten Jahr ihren bis zu zwei Meter hohen Blütenstand austreiben zu können.

Der Standort wildwachsender Königskerzen gibt uns Aufschluß für den besten Platz im Garten: Sonne, Sand und freie Sicht. Die Königskerze ist eine Trockenpflanze, die auf kargen, kalkhaltigen Böden gedeiht. Ihre Pfahlwurzel läßt sie Trockenheiten gut überstehen, dagegen verträgt sie keine stauende Nässe. Ihre Vorliebe für leichte Sandböden und steinige Standorte bedeutet, daß die Königskerze selten mit ähnlich hochwachsenden Wettbewerbern zusammensteht. Sie liebt den freien Platz, den Geröllhang, sogar die Krone einer alten Mauer. Wir sollten ihr auch im Garten einen diesem Pflanzendenkmal würdigen Standort geben. Sie macht sich besonders gut als Einzelpflanze über polsterbildenden Stauden; in ausgedehnten Gärten kann man eventuell kleine Gruppen pflanzen.

Verbascum densiflorum, die **Großblumige Königskerze**, trägt nicht nur die größten Blüten ihrer Gattung – bis fünf Zentimeter im Durchmesser –, sie ist mit gut zwei Meter hohen Kerzen auch die größte Art. Wie die meisten Königskerzen blüht sie goldgelb.

Ein besonderer Vorzug der Königskerzen liegt in der Eigenart ihrer Blütenentfaltung. Ihr Blütenstand öffnet nicht in einer abgegrenzten Welle von unten nach oben, wie das bei den meisten Pflanzen ähnlicher Bauweise der Fall ist, vielmehr blühen über die ganze Länge der Ähre jeweils einzelne Blüten auf, verblühen und machen danebenliegenden Knospen Platz. So gibt die Königskerze über viele Wochen hin immer den Eindruck, gerade in vollster Blüte zu stehen, doch sind es immer andere Einzelblüten, welche dieses Bild zustande bringen.

Für mittelgroße Gärten eignen sich die zahlreichen mittelhohen Sorten bis etwa 120 Zentimeter Höhe. Sie sind hauptsächlich in den Blütenfarben Weiß, Hellgelb, Goldgelb, Rotgelb und Hellrosa zu haben.

Die etwas kleinere **Schwarze Königskerze** (Verbascum nigrum) – eine Wildpflanze unserer Heimat – trägt in ihren gelben Rachenblüten auffallend dunkelviolette Staubblätter.

Andere Zuchtformen stammen von Wildarten ab, die in südlicheren Ländern heimisch sind, so wie **Violette Königskerze** (V. phoeniceum). Ihre großen Blüten sitzen an niedrig bleibenden Stielen zwischen dreißig und achtzig Zentimeter Höhe. Sie blüht schon ab Mai und braucht nicht, wie die anderen Königskerzen, einen vollsonnigen Stand.

Darüber hinaus stehen für den Garten zahlreiche reizvolle Hybriden zur Verfügung. Während sich die reinen Arten, die in unserer heimischen Pflanzenwelt vorkommen, gut durch Aussamen fortpflanzen, vererben die Hybriden ihre Eigenschaften nicht rein weiter. Zu ihrer Vermehrung muß man entweder Tochterrosetten abtrennen oder Wurzelschnittlinge abnehmen, aus denen im Frühjahr neue Pflanzen treiben.

Für die Erstansaat von Königskerzen bringt man den Samen im Juni oder Juli in ein Saatbeet und pflanzt im August oder September an die endgültigen Standorte um.

Mariendistel (Silybum marianum)
Korbblütler

Disteln können, besonders auf Wiesen, zu einem sehr lästigen Unkraut werden. Soll man sich diese stachligen Gewächse wirklich in den Garten holen? Bei der Mariendistel sprechen einige Gründe dafür.

Weißblühende Glockenblume.

Sie wächst wild im Mittelmeerraum und wird bei uns nicht nur wegen der Schönheit ihrer Blätter und Blüten kultiviert, sondern auch, weil Wurzeln und Samen in der Medizin Verwendung finden.

Die Blätter dieser Distel zeigen eine reizvolle weiße Marmorierung auf grünem Grund, die fülligen Blütenköpfe erfreuen uns von Juni bis September mit leuchtendem Purpur.

Die Mariendistel gedeiht auf trocken-sonnigem Standort, also da, wo die Königskerze wächst. Man sät sie im Sommer an ihren endgültigen Platz. Da die Jungpflanzen nur bedingt frosthart sind, gibt man ihnen eine Winterdecke. In den folgenden Jahren samt sich die Mariendistel selbst reichlich aus, man wird sie dann eher eindämmen müssen.

Die Mariendistel kann einjährig gezogen werden, wenn man sie schon im April ansät.

Bei dichtem Stand läßt sich mit Reihen von Mariendisteln eine wehrhafte Sommerhecke heranziehen. Da die Pflanzen bis zu 150 Zentimeter Höhe erreichen, ist dieser lebende Zaun so gut wie undurchdringlich.

Marienglockenblume (Campanula medium)
Zweijährige Glockenblume
Glockenblumengewächs

Zu den zahlreichen Korbblütlern unter den Sommerblumen bilden die nickenden Kelche der Glockenblumen eine reizvolle Ergänzung. Aus botanischer Sicht stehen die Glockenblumen den Korbblütlern nahe.

Die besonders hübsche Marienglockenblume ist eine wenig veränderte Kulturform der in Mittelmeerländern heimischen Wildart. In unserer heimischen Flora gibt es viele Glockenblumen, sehr niedrige Gebirgsbewohner und hochwachsende Waldrandbewohner im Halbschatten.

Trotz ihrer oft großen und zarten Blüten gehören die Glockenblumen einschließlich der Gartenformen zu den widerstandsfähigen, weder empfindlichen noch anspruchsvollen Blumen. In den verschiedenen europäischen Lebensräumen kommen über dreihundert Glockenblumenarten wild vor.

Die Marienglockenblume weist zwei Merkmale auf, die bei anderen Glockenblumen nicht gleichzeitig vorkommen: ein fünfnarbiger Griffel und fünf nach unten gerichtete Fortsätze zwischen den fünf Zipfeln der Kronblätter. Die Gartenform wird vierzig bis gut achtzig Zentimeter hoch. Sie blüht in Weiß, Rosa und Blau. Daneben gibt es gefüllte Sorten mit doppeltem Becher.

Die Marienglockenblume will einen gut besonnten Stand, aber sie wächst auf jedem Gartenboden. Man gießt nur bei anhaltender Trockenheit. Im Juni sät man in ein Saatbeet des Freilands und dünnt später aus. Im September setzt man die Jungpflanzen in einem Abstand von gut dreißig Zentimeter an ihren endgültigen Platz. Über den Winter sollte man sie mit Tannenreisern oder anderem organischen Material abdecken.

Die Marienglockenblume verschönert jedes Blumenbeet, sie eignet sich aber auch vorzüglich als dauerhafte Schnittblume; man hat sie ab Juni bis August zur Verfügung. Einen besonders hübschen Sommerstrauß ergibt die Mischung der blauen Marienglokkenblume mit Margeriten.

Martin Stangl sagt mit Recht, daß die Marienglockenblume dem Garten »eine gemütliche Note« gibt.

Maßliebchen (Bellis perennis)
Gänseblümchen
Tausendschönchen
Korbblütler

Das Allerweltsblümchen, das in seiner Wildform überall wächst, wo Menschen wohnen, hat die in unserem Klima wohl beispiellose Fähigkeit, in jedem Monat des Jahres draußen zu blühen, sofern es nicht durch eine Schneedecke daran gehindert wird. Ausdauernde Blühfreudigkeit zeichnet auch die Kultursorten aus, die teils durch Kreuzungen mit südländischen Arten gewonnen wurden.

Die bei unserer Wildform weißen Zungenblüten – oft rot überhaucht – können bei Gartensorten rosa oder tiefrot sein. Es gibt einfache und gefüllte Blüten mit Durchmessern über fünf Zentimeter und solche, die nur Röhrenblüten bilden. Man unterscheidet deshalb zungenblütige (Ligulosa) und röhrenblütige Sorten (Tubulosa).

Maßliebchen gedeihen im Garten fast überall: unter voller Sonne oder im Halbschatten, auf leichtem oder schwerem Boden. Nur der Sandboden des Heidegartens behagt ihnen nicht.

Im Hochsommer sät man breitwürfig oder in Reihen ins Freiland. Da der Samen sehr fein ist, mischt man ihn mit Sand. Bei nicht allzu enger Saat braucht man später nicht zu pikieren. Auch die Gartenmaßliebchen samen sich selbst aus, doch vererben dann die Hybriden die angezüchteten Eigenschaften, zum Beispiel gefüllte Blüten, nicht voll weiter. Will man nicht nach und nach nur noch ungefüllte Maßliebchen haben, dann sollte man im Herbst die schönsten Stöcke teilen und auf diese Weise die Merkmale der Pflanzen erhalten.

Ackerveilchen

Stiefmütterchen (Viola tricolor)
Veilchengewächs

Obwohl das Gartenstiefmütterchen den wissenschaftlichen Namen Viola tricolor, »dreifarbiges Veilchen«, wie das kleine Acker- oder Feldstiefmütterchen trägt, stammen unsere großblütigen Kultursorten nicht unmittelbar und allein von der weitverbreiteten Wildblume ab. Vielmehr mischten bei der Zucht das in unseren Bergwäldern zu findende Gelbe Veilchen (V. lutea), das Sibirische Altaiveilchen (V. altaica) und andere Wildarten mit. Es gelang, die Blüten entscheidend zu vergrößern und zu den vorherrschenden Grundfarben Weiß, Gelb und Violett, die in den Wildarten enthalten sind, neue Farbtöne hervorzubringen. Mit dieser Erweiterung um viele warme Farben zwischen Gelb, Rot und Braun konnte man den Farbkreis nahezu schließen, was trotz fast unendlicher Sortenfülle nur für wenige Gartenblumen zutrifft. Es fehlt meistens entweder das Blau oder das reine Gelb.

Die Farbenvielfalt des Gartenstiefmütterchens erhöht sich noch um ein Mehrfaches durch die Zeichnung der unteren drei Kronblätter und den meist helleren Eingang zum Nektar tragenden Sporn. Die Zeichnung kann als feine dunkle Maserung auf hellerem Grund stehen oder kräftige, samtige Farbflecke mit ausblutenden Übergängen bilden. Noch auffälligere Mehrfarbigkeit der Blüten ergibt sich durch eine abweichende Tönung der beiden oberen Kronblätter bei vielen Sorten.

Der beispiellose Farbreichtum allein hätte nicht zu der ebenfalls beispiellosen weiten Verbreitung und Häufigkeit unseres Gartenstiefmütterchens geführt, wenn es nicht ebenso robust wie schön wäre. Stiefmütterchen blühen je nach Anzucht von der Schnee-

Maßliebchen

Stiefmütterchen »Schweizer Riese«.

schmelze im Vorfrühling bis zu den ersten Frösten im Spätherbst. Wenn sie nicht durch Schnee behindert werden, blühen sie sogar im Winter.

Ihr unermüdlicher Einsatz machte die Stiefmütterchen so unentbehrlich für öffentliche Anlagen. Wenn der Jahreszeit entsprechend nichts mehr blühen will, setzt man Stiefmütterchen, denn sie lassen sich sogar während ihrer Blüte vom geschützten Ort ihrer Vorkultur in Gärtnereien ins Freie setzen, ohne daß sie diesen Eingriff mit Nachlassen ihrer Blühtätigkeit beantworten würden. Die meisten anderen Gartenblumen gingen unter solcher Behandlung zugrunde oder stellten wenigstens das Blühen ein.

Zu den unempfindlichsten Sorten gehören die der Hiemalis-Gruppe, sie heißen deshalb **Eisstiefmütterchen**. Unter den neueren Züchtungen gibt es F1-Hybriden mit Blütendurchmessern von sechs Zentimeter und mehr. Von solchen Sorten kann man natürlich nicht die Unempfindlichkeit beispielsweise einer Hiemalis-Rasse erwarten.

Beliebt sind die großblütigen »Schweizer Riesen« und andere »Riesen«-Rassen. Mit solchen Bezeichnungen meint man stets die Blütengröße. Die Pflanzen selbst bleiben unter dreißig Zentimeter

– die einzige Einschränkung im Sorten-Überangebot dieser Blume.

Gartenstiefmütterchen wachsen auf humosem Boden, der eher sauer als alkalisch sein sollte. Kalkhaltige Erde vertragen sie schlecht. Man kann Gartenerde, die von Natur aus alkalisch ist, weil sie über Kalkgestein liegt, für Stiefmütterchen durch kalkarmen Kompost und Torfgaben verbessern. Einen solchen Kompost setzt man wie jeden anderen auf, unterläßt aber das Einstreuen der Schichten mit Kalk.

Die Aussaat der Stiefmütterchen für zeitiges Blühen im nächsten Jahr wird ab Juni ins Saatbeet vorgenommen. Die heranwachsenden Pflanzen brauchen keine volle Sonne, sollen aber gut feucht gehalten werden. Nach etwa zwei Monaten setzt man die Jungpflanzen im Abstand von gut fünfzehn Zentimeter an ihren Standort. Bei fortgesetzter Bewässerung und einem mit reifer Komposterde untermischten Boden können die Stiefmütterchen noch im Herbst zur Blüte kommen und das Blühgeschäft gleich nach dem Winter wieder aufnehmen. Man schützt die Pflanzen mit Laub und Reisig, nicht nur gegen die Kälte, die ihnen nicht sehr zusetzt, sondern auch gegen Schneelast.

Schon im Januar sät man Stiefmütterchen für den Sommer in Saatkästen oder so bald wie möglich ins Frühbeet. Durch Folgesaaten kann man die Stiefmütterchenblüte im Garten beliebig lang ausdehnen, man bedient sich also bedarfsweise der Ein- und der Zweijahreskultur.

Stiefmütterchen bevorzugen den vollsonnigen Stand, aber sie vertragen Trockenheit nur schlecht. Verregnete Sommer, in denen andere Gartenblumen kümmern, lassen die Stiefmütterchen besonders reich blühen.

Stockrose (Althaea rosea, Alcea rosea)
Stockmalve
Malvengewächs

Die Stockmalve bildet neben den Echten Malven eine eigene Gattung in der Familie Malvengewächse. Zu dieser verhältnismäßig kleinen Pflanzenfamilie zählt eine bedeutende Wirtschaftspflanze: die Baumwolle.

Die Stockrose stammt aus Südosteuropa und wurde schon früh als Gartenpflanze angebaut. Ihre heutigen Kultursorten in Weiß, Gelb, Rosa, Rot, Violett, Schwarzrot und einigen fahlen Tönen sowie mit gemaserten und gestreiften Blüten sind das Ergebnis neuerer Zuchtbemühungen.

Meist wird die Stockrose zweijährig gezogen, doch bringt man einige Sorten mit entsprechender Vorkultur schon im ersten Sommer zur Blüte.

Die Stockrose kann bis zu drei Meter hoch werden, was für einen kleinen Garten fast zu viel ist. Man pflanzt sie vorteilhaft solitär, das heißt im Einzelstand, weil sich die Pflanzen dann gut in der Breite entwickeln können und so am besten zur Wirkung kommen. Rotblühende Stockmalven machen sich besonders hübsch auf grünem Rasen oder vor weißer Wand. Ob man einfache oder gefüllte Sorten anbaut, ist Geschmacksache, jedenfalls haben die großen weichen Formen der einfachen Blüten mit den sich gelb abhebenden Staubgefäßen einen besonderen Reiz.

Wie Mohn und Königskerze wächst die Stockrose ihrer Herkunft nach auf eher trockenen Böden. Sie übersteht wie die beiden genannten Arten regenlose Zeiten mit Hilfe einer langen Pfahlwurzel. Solche Pflanzen sollte man frühzeitig an ihren endgültigen Standort setzen, weil man später leicht die Wurzel verletzt, was zu Wachstumsstörungen führen kann.

Zur nur einjährigen Kultur sät man die Stockrosen im März ins Frühbeet und bringt die Jungpflanzen im Mai ins Freiland. Für eine gute Entwicklung kräftiger Pflanzen ist es besser, im Juni ins Saatbeet zu säen und spätestens im September an Ort und Stelle zu verpflanzen. Bei Schwierigkeiten mit der Pfahlwurzel ist es ratsam, sie vor dem Einsetzen zu kürzen als sie etwa umzubiegen. Der Pflanzenabstand sollte in Gruppen oder Reihen fünfzig Zentimeter betragen, nur dann kann sich die Malve frei entfalten und ist dadurch weniger anfällig für den gefürchteten Malvenrost. Der Haltestab wird mit dem Einpflanzen in den Boden geschlagen, damit man nicht im nächsten Jahr Wurzeln verletzen muß.

Pflanzen, die in kurzer Zeit so stark wachsen wie die Stockmalve, brauchen nährstoffreichen Boden. Man erzielt ihn durch reichliche Kompostgabe als Bodenvorbereitung. Bei Gartenböden, die noch Humusmangel aufweisen, wird im nächsten Frühjahr

Stiefmütterchen und Vergißmeinnicht.

noch einmal mit Kompost gedüngt, man arbeitet ihn oberflächlich um die Pflanze herum in den Boden ein.

Trotz ihrer Pfahlwurzel sollte die Stockrose bei Trockenheit regelmäßig gegossen werden; diese Maßnahme beugt dem Malvenrost vor.

Vergißmeinnicht (Myosotis)
Borretschgewächs

Obwohl das Vergißmeinnicht nur kleine Blüten hat, gilt es mit Recht als eine der liebenswürdigsten Wildblumen unserer Heimat; diese Wertschätzung übertrug sich offenbar auch auf das Garten-Vergißmeinnicht. Es behauptet sich trotz prachtvollerer Konkurrenz.

Der wissenschaftliche Gattungsname Myosotis heißt nichts anderes als Mauseohr und bezieht sich auf die zugespitzten Laubblätter.

Man nennt die Pflanzenfamilie, der die Gattung Vergißmeinnicht mit rund fünfzig Arten angehört, auch Rauhblattgewächse, weil viele ihrer Mitglieder mit steifen Härchen überzogen sind. Im Garten haben wir z. B. eine Pflanze aus der Vergißmeinnichtverwandtschaft, das Würzkraut Borretsch. Die gleichfalls verwandten Wildblumen Lungenkraut und Natternkopf zeigen eine solche Behaarung mit vorwiegend blauen Blüten. Noch ein anderes Merkmal ist vielen Gewächsen dieser Familie eigentümlich: ein sich spiralig auswickelnder Blütenstand, kurz Wickel genannt.

Bei wildwachsenden Vergißmeinnichtarten findet man zwischen vielen himmelblauen Blüten hin und wieder rosafarbene eingestreut, so beim Alpenvergißmeinnicht (M. alpestris), einer Stammform des Gartenvergißmeinnichts. Da lag es nahe, daß man rosa blühende Vergißmeinnichtsorten züchtete. Interessanterweise empfindet man diese Blumen kaum noch als Vergißmeinnicht. Horst Koehler schreibt:

»Die schönsten Vergißmeinnicht sind die blauen. Die rosa und weißen Sorten machen einen verwaschenen Eindruck!« Es müssen eben doch die »treuen blauen Augen« sein.

Das Gartenvergißmeinnicht kommt mit jeder Gartenerde aus, doch stellt es gewisse Ansprüche an nicht zu niedrige, gleichbleibende Bodenfeuchtigkeit. Der Umstand, daß unser Gartenvergißmeinnicht im Halbschatten gedeiht, spricht dafür, es in solchen Gärten einzuplanen, die nicht nur beste Sonnenplätze haben.

Das Gartenvergißmeinnicht bleibt meist unter zwanzig Zentimeter, doch gibt es hohe Sorten bis gut dreißig Zentimeter Größe, die auch Schnittblumen ergeben.

Man sät im Hochsommer ins Saatbeet – wenn möglich vor praller Sonne schützen –, verzieht die Jungpflanzen und setzt sie im September an Ort und Stelle, Pflanzenabstand rund fünfzehn Zentimeter. Hat man erst einen Bestand an Vergißmeinnicht, so sorgen die meisten Sorten durch Aussamen selbst für ihre Vermehrung.

In den bisherigen Ausführungen wurde hin und wieder das Saatbeet erwähnt, eine empfehlenswerte Einrichtung im Hausgarten, die sowohl den Gemüsebeeten als auch den Blumenrabatten zugute kommt. Es handelt sich um Kinderstube, Zwischenstation und Lagerplatz für Pflanzen.

Wer nur einen kleinen Garten hat, mag ein Saatbeet als entbehrlich ansehen, aber gerade für die bestmögliche Flächennutzung bringt es viele Vorteile, es spart Platz. Zur Heranzucht des Pflanzgutes im Gemüsegarten kann man auf das Saatbeet ohnehin nicht verzichten. Denn während noch die Ernte der ersten oder zweiten Tracht auf dem Standbeet reift, wächst auf dem Saatbeet schon die Folgekultur so weit heran, daß sie, gleich nach der Ernte gepflanzt, einen erheblichen Zeitgewinn im jedes Jahr zu kurzen Sommer bedeutet. Die Kulturen überlappen sich. Natürlich kann man nach dem Abernten an Ort und Stelle die nächste Tracht ansäen. Aber man verschenkt dadurch Platz und Zeit: Die Sämlinge brauchen nicht den Raum des ganzen Beetes, und sie könnten schon zu kräftigen Jungpflanzen entwickelt sein, wenn man das Standbeet mit ihnen besetzt.

Im Blumengarten geht es nicht um Ernte und Nutzen, aber in entsprechender Weise um einen möglichst lückenlosen Blütenflor. Zweijährige Gartenblumen, die man im Sommer an ihren endgültigen Platz säen würde, nähmen Gartenplatz in Anspruch, den sie in diesem Jahr nicht mehr mit Blüten schmücken. Deshalb sät man in Kästen oder, was oft praktischer ist, in ein Saatbeet, wo die Pflanzenkinder sowohl geschützt als auch platzsparend so groß werden, daß man sie später im Jahr umpflanzen kann. Meist liegt dazwischen noch der Arbeitsgang des Vereinzelns, Verziehens, Verstopfens oder Ausdünnens, verschiedene Namen für die gleiche Tätigkeit: Der in Reihen gesäte Samen läuft dicht auf und bringt viel mehr Keimlinge hervor als gebraucht werden. Die Pflänzchen behindern sich gegenseitig, deshalb läßt man nur jeweils eine kräftige Jungpflanze stehen und verschafft ihr einen so großen Abstand zur nächsten, daß sie einige Wochen ungestört weiterwachsen kann. Danach pflanzt man sie gewöhnlich an ihren Standplatz, wobei der Pflanzenabstand zur Nachbarin auf den endgültigen Wert gebracht wird.

Saatbeetbeschattung
Zum Selbstbau

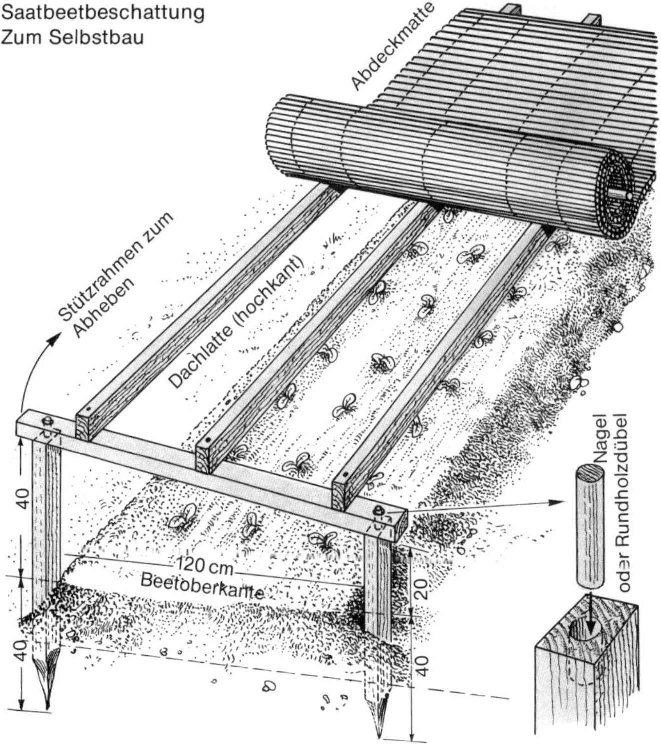

Das Saatbeet als eine gleichsam interne Anzuchtstätte des Gartens bildet kein Schaustück. Man legt es deshalb so, daß es zugunsten schönerer Gartenteile zurücktritt. Damit kommt man auch dem Schutzbedürfnis dieses Stückchens Erde entgegen: Auflaufende Saat und junge Pflanzen wollen nicht frei und in praller Sonne stehen. Das Saatbeet darf und soll beschattet sein – durch eine Hauswand oder durch einen Baum. Es verkleinert den Garten also nicht um einen kostbaren Sonnenplatz. Sollte es trotzdem unter voller Sonne liegen, wird man es im Hochsommer nach dem Einsäen beschatten. Die meisten zweijährigen Blumen sät man ja gerade zur Zeit der höchsten Sonnenstände.

Einfach herzustellenden und zudem nicht häßlich aussehenden

Sonnenschutz bieten Schilfrohrmatten. Sie kosten nicht viel, halten jahrelang und können platzsparend zusammengerollt werden. Je nach Beetgröße schlägt man vier oder sechs Stützpfosten in den Boden – in die Eckpunkte des Beetes und gegebenenfalls hälftigen Unterteilungen seiner Längsseiten. Für diese Stützen genügen zugespitzte Dachlattenstumpen oder anderes Abfallholz. Nun verbindet man die Pfosten mit hochkant gestellten Dachlatten, nagelt sie auf und hat schon den Rahmen, über den man die Schilfmatten zieht. Je nach Bedarf kann man das Beet ganz oder teilweise beschatten. Praktischer als aufgenagelte Latten sind aufgesteckte. Man versieht die Hölzer mit weiten Bohrlöchern und treibt kräftige Nägel in die Pfosten, entfernt die Nagelköpfe und kann nun die Latten einhängen oder für Pflegearbeiten am Beet abnehmen.

Für die Höhe würden schon wenige Zentimeter genügen, doch hängt der Rahmen etwas durch, und unter dem Mattenschirm sollten auch nicht nur die jüngsten Pflanzen Platz haben, so daß zwanzig bis dreißig Zentimeter angebracht sind. Die Matte spendet lichten Schatten und behindert weder Luft noch Regen.

Wenn möglich, sollte das Saatbeet windgeschützt liegen, weil Wind den Boden austrocknet. Man kann nun leicht die West- und Nordseite des Saatbeetes vor Bodenwinden schützen, indem man hochkant längsseitig aufgelegte Bretter an den Pfosten befestigt oder durch einige Steine andrückt. Bei allseitigem Bretterschluß hat man schon fast ein Frühbeet! In der Tat bringt ein solcher Kasten gerade im Frühjahr erhebliche Vorteile. Man kann dann, wenn er nicht zu groß und mit Schräge angelegt ist, statt mit Schilfmatten, mit alten Fenstern abdecken oder mit einer Plastikplane überspannen. Regen muß ablaufen. Sehr dünne Folie reißt schnell. Je nach Bastlergeschick und vorrätigem Material wird man auf Lösungen kommen, die zwischen dem offenen Saatbeet und dem wohlgeschützten, packfähigen Frühbeet liegen.

Natürlich eignet sich jedes Frühbeet bestens als Sommersaatbeet. Möglicherweise ist es nur zu klein. Man schlägt im Früh- oder Saatbeet Pflanzen in Erde ein, die man beim Gärtner holt und nicht sofort setzen kann oder will. Stauden und Gehölzpflanzen legt man schräg und bettet wenigstens die Wurzeln in angefeuchtete Erde, darüber zieht man einen Sonnenschutz.

Gepflanzt und umgesetzt wird grundsätzlich an bedeckten Tagen, denn Wässern allein gleicht den Flüssigkeitsverlust durch unmittelbare Sonnenbestrahlung nicht aus. Jungpflanzen welken dann schnell und sinken in sich zusammen. Bei noch kleinen Setzlingen benützt man das Setzholz zum Vorstechen des Pflanzloches. Es muß so tief sein, daß die herabhängenden Würzelchen nicht umgebogen werden. Während man durch einen weiteren Einstich des Setzholzes und einer seitlichen Bewegung Erde andrückt, hält man das Pflänzchen mit der anderen Hand, bis es festsitzt. Der Wurzelhals kommt dabei auf gleiche Höhe mit der Erdoberfläche.

Muß das Pflanzloch größer werden als der Setzholzdurchmesser, nimmt man besser ein Handschäufelchen. Denn durch das bohrende Erweitern mit dem Setzholz würde man die Ränder des Pflanzloches unnötig verdichten.

Unmittelbar nach dem Setzen wird behutsam, aber gründlich angegossen, eingeschwemmt. Das Erdreich legt sich dadurch lükkenlos an die Wurzeln der Pflanze. Natürlich muß man Setzlinge bei trockenem Wetter morgens und abends gießen – am besten mit Regenwasser. Hat man das nicht zur Verfügung, läßt man Leitungswasser von einem Gießen zum andern in einem Behälter abstehen.

Es gibt Einsatzstücke für Fallrohre von Regenrinnen, die es erlauben, das Dachwasser in eine Tonne, ein Faß oder einen Kunststoffbehälter abzuleiten. Man hat dann jederzeit weiches Regenwasser zur Verfügung, das nicht wesentlich kälter ist als die Luft. Steht es viele Tage, wird sich in der Tonne bald Leben entwickeln; Mückenlarven bewegen sich zuckend durchs Wasser. Man kann solches Wasser unbesorgt zum Gießen benutzen, da seine Bewohner im Boden absterben. Keinesfalls sollte man es mit Chemikalien behandeln. In jedem Fall muß stehendes Wasser abgedeckt werden, Tiere und Kinder könnten hineinfallen, offenes Wasser verdunstet im Sommer schnell.

Je härter, das heißt kalkreicher das Leitungswasser, desto wichtiger ist es, Regenwasser für den Garten zu sammeln.

Zwiebeln und Knollen sind Speicherorgane von Pflanzen unterschiedlicher Familienzugehörigkeit. Wir ziehen sie hier – wie üblich – zu einer Gruppe zusammen, obwohl es sich im botanischen Sinn bei Zwiebeln und Knollen um unterschiedliche Pflanzenteile handelt. So gehört die Zwiebel nicht zur Wurzel, sondern zum Sproß der Pflanze; die ineinandergehüllten fleischigen Schalen sind umgebildete Blätter, verdickt durch eingelagerte, aus der Assimilation gewonnene Nährstoffe. Die eigentlichen Wurzeln, verantwortlich für die Wasser- und Mineralaufnahme aus der Erde, entspringen dem scheibenartigen Zwiebelboden. In der Zwiebelmitte wird schon während des Sommers der neue Sproß vorbereitet, der im Frühjahr austreibt. Die in der Zwiebel enthaltenen organischen Verbindungen, wie Stärke, Zucker, Eiweiß, ernähren ihn, so daß die Pflanze zunächst unabhängig von der Tätigkeit der Wurzeln und grünen Blätter wachsen und bald blühen kann. Solche Vorratswirtschaft setzt einige Zwiebelgewächse in den Stand, auch bei noch tiefen Außentemperaturen sich zu entfalten – notfalls durch die Schneedecke hindurch. So leisten uns gerade die Zwiebelgewächse gute, vor allem frühe Dienste im Garten. Sie zaubern den Frühling gleichsam aus eigener Kraft herbei. Im harten Wettbewerb der Wildpflanzen um Platz und Sonne erschließt die Zwiebel einer Reihe von Blumen einen Lebensraum, der nur für kurze Zeit gute Lichtbedingungen aufweist: der Boden des Laubwaldes, der Waldränder, unter Büschen und auf der im zeitigen Frühling von Sommerkräutern noch unbeschatteten Wiese. Daraus ergeben sich auch die der Natur dieser Frühblüher entsprechenden Standorte im Garten: unter Laubbäumen, die vor dem Austrieb ihrer Blätter kaum Schatten werfen, unter und zwischen Sträuchern, auf der Wildblumenwiese, die sich erst zu begrünen beginnt, auf dem Rasen, der noch nicht gemäht werden muß. Dabei bevorzugt man geschützte Stellen, z. B. solche unmittelbar am Haus und neben der Terrasse, wo sich die noch schwachen Sonnenstrahlen »fangen«, wo der Schnee zuerst schmilzt.

Die kleinen Rasenstücke südseitig von Baumstämmen erwärmen sich schneller als die Umgebung; hier fühlen sich Schneeglöckchen und Märzenbecher wohl. Krokusse »streut« man in unregelmäßigen Gruppen über Rasenteile, die vorerst nicht begangen werden. Mit dem Mähen muß man zurückhalten, bis ihre Laubblätter eingezogen sind, sonst nimmt man ihnen die Möglichkeit, Nährstoffe für den nächsten Frühlingsaustrieb zu sammeln. Besteht man dagegen auf einem stets kurzgetrimmten Musterrasen, dann muß man den Frühblühern Rabattenplätze einräumen oder vom Rasen freigehaltene Streifen vor und zwischen Sträuchern und Gehölzen.

Die blühenden Frühlingsboten ziehen unsere Blicke auf sich wie später im Jahr kaum noch andere Blüten im Sommerflor. Wir sollten sie deshalb so verteilen, daß möglichst viele von ihnen vom Haus und von der Terrasse aus zu sehen sind. Das ist um so leichter, als sich die grüne Sommerdecke der Kräuter und Stauden noch nicht entfaltet hat.

Zwiebeln lassen sich im allgemeinen nicht, wie die meisten Knollenwurzeln, zur Vermehrung teilen. Man würde damit ihr Leben auslöschen. Manche Zwiebelgewächse bilden Tochterzwiebeln, aus denen neue Pflanzen hervorgehen. Eine Verjüngung ist bei dieser ungeschlechtlichen oder vegetativen Vermehrung ebenso gegeben wie bei der geschlechtlichen, bei der die Nachkommen aus Samen wachsen.

Gefüllte unterirdische Vorratskammern wie die Zwiebeln stehen in der Gefahr, durch Fäulnis zu verderben, von Schimmelpilzen befallen oder Tieren geplündert zu werden. Die Pflanzenzwiebel erwehrt sich der Außenfeuchtigkeit durch mehrere Schichten dünner und dichter Schalen, die aber in Staunässe dem Angriff der Fäulnisbakterien offenbar nicht beliebig lange widerstehen. Zwiebelgewächse brauchen allgemein einen durchlässigen, manche sogar einen leichten Boden, in dem Wasser schnell abläuft. »Nasse Füße« vertragen sie auf Dauer nicht. Schwerem, lettigem Boden mischt man beim Einsetzen von Zwiebeln vorteilhaft Sand bei oder bereitet ihnen in lehmiger bis toniger Erde ein sand- oder kieshaltiges Unterbett, in dem sich keine Nässe stauen kann.

Pflanzenzwiebeln werden von verhältnismäßig wenig Schädlingen befallen. Das mag ein Erfolg ihrer Abwehr durch beißenden Gewebegeschmack sein. Wühlmäuse fressen trotzdem Blumenzwiebeln. Hat man diese Nager im Garten, muß man ohnehin etwas gegen sie tun, da sie auch anderen Pflanzen schaden. Wirksame Maßnahmen wurden in Band 1 besprochen. Zwei Zwiebelgewächse gelten als Wühlmausvergrämer: Kaiserkrone und Knoblauch.

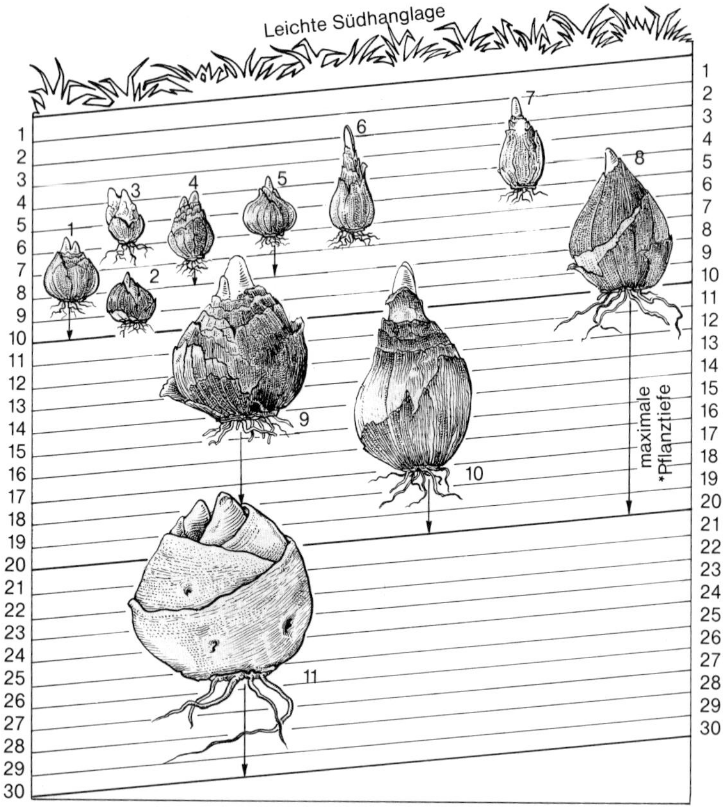

1 Blaustern; 2 Schachbrettblume; 3 Hundszahn; 4 Schneeglöckchen; 5 Krokus (früh); 6 Märzenbecher; 7 Traubenhyazinthe; 8 Gartentulpe; 9 Hyazinthe; 10 Narzisse (alle Arten); 11 Kaiserkrone.

Frühjahrsblumenzwiebeln (Pflanztiefen in Zentimeter)

Dank ihrer angesammelten Wegzehrung können frisch eingesetzte Zwiebeln selbst im magersten Boden zur Blüte gelangen. Aber nach der Entfaltung ihrer Blätter brauchen sie um so mehr Nährsalze für ihre Vorratswirtschaft. Ein humusarmer Rasen wird die Bedürfnisse der aus Zwiebeln sprießenden Frühblüher, zu denen wir hier die Krokusse zählen, nicht mehrere Jahre lang befriedigen. Hinzu kommt, daß sich diese verschwenderisch blühenden Pflanzen auf einen Nahrungswettbewerb mit den Graswurzeln des Rasens einlassen müssen. Eine Rasendüngung mit feiner, reifer Komposterde im Frühjahr oder Herbst und verstärkte Gaben im Bereich der eingestreuten Frühjahrsblüher schaffen die nötige Entwicklungsgrundlage. Dabei trägt man die Kompostschicht einfach auf dem Rasen auf, ohne sie mit irgendwelchen Geräten einzuarbeiten. Mit dieser arbeitssparenden Düngeart, die im Herbst möglichst spät und nach dem Winter möglichst früh durchgeführt wird, gibt man den Pflanzen Nährstoffvorräte, die sie sich nach Bedarf selbst erschließen.

Gerade bei den Zwiebelgewächsen können mineralische Stickstoffgaben zur unrechten Zeit, zum Beispiel nach dem Einziehen der Blätter, Entwicklungsstörungen hervorrufen. Die Zwiebel wird dann in einer Zeit durch den Stickstoff zum Treiben angeregt, in der sie ihre Ruhepause antreten sollte. Auch tierische Jauche oder frischer Mist eignen sich nicht zum Düngen der Zwiebelgewächse.

Blaustern (Scilla)
Liliengewächs

Die fleischig-glattrandigen, schmalen Blätter des Blausterns ähneln denen der Märzenbecher und Schneeglöckchen. Alle drei Gattungen zählen zusammen mit den anderen frühblühenden Zwiebelgewächsen des Gartens zu den einkeimblättrigen Pflanzen, die stets parallelnervige, ungeteilte Blätter hervorbringen. Schneeglöckchen und Blaustern ergänzen sich auf dem Frühlingsrasen besonders gut, man pflanzt sie deshalb gern in lockeren, sich in Blau und Weiß abwechselnden Gruppen, zumal beide Gewächse gut unter Bäumen gedeihen.

Während sich das Schneeglöckchen in Blütenform und -farbe treu bleibt, tritt uns die Gattung Blaustern in einem außerordentlichen Formenreichtum seiner zahlreichen Arten- und Zuchtsorten entgegen.

Die Heimat des Blausterns ist Eurasien, so daß einzelne Arten, wie der **Sibirische Blaustern** (Scilla sibirica) oder der **Zweiblättrige Blaustern** (S. bifolia) schon seit Jahrhunderten in mitteleuropäischen Gärten gezogen wurden. Heute stehen uns viele Arten zur Verfügung, mit teils sternförmigen (S. chinensis), teils glockenförmigen Blüten wie das **Hasenglöckchen** (S. non-scripta) in Weiß, Blau, Violett oder Rosa. Einen besonders reichen Blütenstand entwickelt der **Hyazinthenähnliche Blaustern** (S. hispanica), er stammt von der Iberischen Halbinsel.

Die meisten Arten und Sorten des Blaustern blühen im Frühling, einige schon ab März, andere erst im Mai, doch gibt es darüber hinaus herbstblühende Arten wie Scilla autumnalis und solche, die vorwiegend als Zimmerpflanzen gezogen werden, wie die prächtige Scilla peruviana mit breiten Blättern und füllig-dichtem, pyramidenförmigem Blütenstand auf starkem Schaft. Große weiße, sternförmige Blüten mit gelben Staubgefäßen und rückseitig blau überhauchten Kronblättern – sie erinnern an unser Buschwindröschen – trägt die aus Persien stammende Scilla mischtschenkoana.

So zeigt jede Art der Scilla ihren besonderen Reiz, und doch haben sich die »einfachen« blaublütigen Sorten für den Hausgarten am besten bewährt, weil sie die anderen Frühjahrsblüher aufs anmutigste ergänzen.

Jeder humose, nicht zu feuchte Gartenboden genügt dem Anspruch der Scilla, und sie bedarf kaum einer Pflege. Hat man sie erst einmal im Garten, vermehrt sie sich je nach Art durch selbsterzeugte Sämlinge oder Zwiebelbrut.

Fürs erste Pflanzen legt man die Zwiebeln im August oder September etwa acht Zentimeter tief in den Boden, mit nicht weniger als zehn Zentimeter Pflanzenabstand. Da die Sorten des Blausterns zehn und zwanzig, seltener dreißig Zentimeter hoch werden, sollte man für gute Fernwirkung immer eine ganze Anzahl von ihnen pflanzen – am besten in lockeren Gruppen zwischen andersfarbigen Zwiebelblumen des Frühlings.

Im allgemeinen verträgt die Scilla Kälte recht gut, doch empfiehlt es sich, im Herbst etwas Frostschutz in Form von Laub und darübergedecktem Reisig zu geben.

Ausgesamte Jungpflänzchen werden im Spätsommer vereinzelt. Um vegetativ zu vermehren, was bei einigen Sorten erfolgreicher ist, gräbt man die Zwiebeln aus, wenn das Laub verwelkt, und trennt Tochterzwiebelchen ab, um sie am neuen Standort wieder einzusetzen. Besonderes Gießen oder Düngen ist dann nicht erforderlich, da die Pflanzen ja erst im nächsten Frühjahr austreiben.

Hundszahn (Erythronium)
Liliengewächs

Von dem in Nordamerika in vielen Arten vertretenen Hundszahn gibt es nur eine europäische Wildform, Erythronium dens-canis. Diese blaß purpur blühende Waldpflanze ist in Süd- und Südosteuropa heimisch. Mit ihren zurückgeschlagenen Kronblättern, rotbraunen Blütenstielen und reizvoll gefleckten Laubblättern hat sie manche Ähnlichkeit mit dem Alpenveilchen.

Der Gattungsname Hundszahn bezieht sich auf die Form der schlanken Zwiebel. Daneben bürgert sich die Bezeichnung **Forellenlilie** ein, eine Übersetzung des in Amerika gebräuchlichen Namens. Der europäische Hundszahn blüht ab April; die nickenden Blüten erheben sich nur zwanzig Zentimeter über dem Blattpaar. Es gibt auch eine weiß blühende Zuchtform dieser Art.

Wildform des Hundszahn ▷

Bis zu dreißig Zentimeter hoch werden einige Hybriden und amerikanische Arten, teils mit grünen, teils mit marmorierten Blättern in den Farben Rosa, Weiß, Creme und Gelb. Die Forellenlilie gehört noch nicht zu den allgemein verbreiteten Frühlingsblühern unserer Gärten, doch gewinnt sie weiter an Verbreitung, zumal sie an Boden und Pflege keine höheren Ansprüche stellt als die anderen Frühlingsblüher. Der Hundszahn liebt als Waldpflanze durchlässigen humosen Boden und verträgt den Halbschatten unter Bäumen. Man legt die Zwiebelchen im Herbst etwa fünf Zentimeter tief in die Erde. Weitere Vermehrung erfolgt von selbst durch Aussamen und Brutzwiebeln.

Hyazinthe (Hyazinthus orientalis)
Liliengewächs

Die große Beliebtheit dieser edlen Blume hat Geschichte. Sie stammt wie viele Zwiebelgewächse aus Asiens Steppen und gelangte im 16. Jahrhundert durch venezianische Handelsfahrer nach Norditalien und von dort nach Holland. Die Holländer verstanden es, aus der Hyazinthenzucht ähnlich wie aus der damals

hoch im Kurs stehenden Tulpenzucht ein wahrhaft blühendes Geschäft zu entwickeln. Von Holland aus verbreitete sich die Hyazinthe an die Höfe, in die Bürgerhäuser und in die Gärten Europas. Für Hyazinthenzwiebeln aus Holland wurden unglaubliche Preise bezahlt – bis zu zweitausend Gulden je Stück. Zu solcher Wertschätzung trugen sicher nicht nur die klassische Schönheit des dichten Blütenstandes an kurzem Schaft bei, die vielen Farbtöne der Zuchtformen, sondern auch die Möglichkeit, diese Pflanze ohne Probleme während des Winters erblühen zu lassen. In einer Zeit, als noch keine Treibhäuser in jedem Monat des Jahres frische Schnittblumen lieferten, wie das heute der Fall ist, bedeutete eine solche Winterblüte, die zudem einen betörend süßen Duft verströmt, etwas ganz Besonderes.

Noch heute kommen die meisten Hyazinthenzwiebeln aus Holland. Sie stehen uns zu erschwinglichen Preisen zur Verfügung. Ähnlich wie bei den Stiefmütterchen kann man zwischen allen Grundfarben wählen: Weiß, Rosa, Rot, Blau, Violett, Gelb und zahlreiche Zwischentöne, wie Creme, Lachsrosa oder Karminrot.

Wie Hyazinthen im Topf oder Glas für die Winterblüte getrieben werden, lassen wir außer acht. Es geht hier um die Gartenpflanze. Man setzt die Zwiebeln je nach früher oder später Sorte zwischen August und November ins Freiland. Entsprechend ihrer Größe soll die Zwiebel fünfzehn bis zwanzig Zentimeter tief sitzen und den gleichen Abstand zur Nachbarpflanze bekommen. Hyazinthen brauchen humosen und kalkhaltigen Boden guter Durchlässigkeit, zu viel und stauende Nässe vertragen sie nicht.

Die Preise für Hyazinthenzwiebeln gestalten sich je nach Herkunft und Art sehr unterschiedlich. Die prächtigsten Sorten kosten in der Regel am meisten, doch sind sie oft für den Garten zu empfindlich. Robustere Sorte überwintern bei uns ohne Schwierigkeiten im Freiland, wenn man sie mit einer Laub- und Reisigdecke vor Frost schützt. Wo Wühlmausgefahr besteht, sollte man das Hyazinthenbeet durch eingegrabenen Maschendraht schützen. Man wählt enge Maschen und versenkt das Gitter so tief wie die Humusschicht der Gartenerde reicht. Noch sicherer hält man die Nager von den Hyazinthenzwiebeln fern, wenn man Maschendraht auf ein zwanzig bis dreißig Zentimeter hohes Schotterbett stellt. Solche Eingriffe lohnen sich natürlich nur, wenn man Wert darauf legt, viele Jahre lang Hyazinthen am gleichen Platz zu ziehen, was bei jährlicher Kompostdüngung leicht möglich ist. Bei schweren Böden sollte man wenigstens der Hyazinthenpflanze ein Kiesbett geben oder durch kiesgefüllte Gräben für ständigen Wasserabzug sorgen. In jedem Fall muß der Oberboden nährstoff-, also humusreich sein.

Diese aufwendige Bodenvorbereitung kommt auch den anderen Frühblühern unter den Zwiebelblumen zugute.

Große Hyazinthenzwiebeln bilden Brutzwiebeln. Etwa im Juni, wenn die Blätter vergilbt sind, gräbt man solche Zwiebeln aus, entfernt die Brutzwiebeln vorsichtig und setzt sie an anderer Stelle nicht zu tief (höchstens acht Zentimeter) in den Boden. Die Mutterzwiebel bleibt an ihrem Standort. Hyazinthen können mehrere Jahre lang hintereinander blühen. Bei der Vielfalt von Sorten, die nicht alle gleichgut für das Freiland geeignet sind, sollte man mit nur wenigen Zwiebeln einer Sorte anfangen und mit derjenigen weitermachen, welche die besten Ergebnisse zeigt. Auch in der Dichte des Blütenstandes und in der Wuchshöhe gibt es erhebliche Unterschiede. Die kleinsten Formen werden zwanzig, die größten bis 35 Zentimeter hoch.

Kaiserkrone (Fritillaria imperialis)
Liliengewächs

Die Kaiserkrone ist in mehrfacher Hinsicht eine Primadonna: Sie hat die größten Zwiebeln unserer Gartenblumen und braucht dafür auch die größten Pflanztiefe, nämlich 25 bis 30 Zentimeter. Dafür erfreut sie uns mit einem Blütenschaft, der über einen Meter hoch werden kann. Unter einem schmückenden Busch grüner Hochblätter hängen die großen, schön gemaserten Glocken in warmem Rot oder in Gelb. Die Kaiserkrone verträgt es nicht, daß man ihr im Sommer welkendes Laub abschneidet, bevor es ganz vergilbt ist. Die Pflanze braucht einen gut durchfeuchteten, nicht nassen und auf keinen Fall schweren, sondern durchlässigen Boden.

Auch wenn man es der Kaiserkrone in allem rechtmacht, kann sie mit dem Blühen für ein Jahr aussetzen. Man übersieht diese Laune der prächtigen Pflanze, indem man sie nicht einzeln, sondern gruppenweise pflanzt.

Die aus Persien stammende Kaiserkrone gehört trotz ihrer Größe zu den frühesten Blühern. Dabei »übernimmt sie sich« bisweilen, so daß die schon geöffneten Blüten mit Kälteeinbrüchen und Schnee fertig werden müssen. Dazu sind sie in erstaunlichem Maße fähig. Die auf unserem Bild dick verschneiten Kaiserkronen wurden kurz nach der Aufnahme von einer Dachlawine völlig verschüttet, ihre Blütenstände zerstört; doch trieben sie neu aus und kamen noch einmal zur Blüte. (Seite 79)

Die Kältefestigkeit der Kaiserkronen macht eine Winterdecke überflüssig. Dagegen sind die tiefliegenden Zwiebeln bei Staunässe oder zu feuchten Böden von Fäulnis bedroht. Man sollte deshalb für guten Wasserabzug und durchlässigen Untergrund sorgen. Die Kaiserkrone gedeiht gut im Halbschatten unter Bäumen.

Neu zu pflanzende Zwiebeln der Kaiserkrone werden im September gelegt. Die Vermehrung durch Samen ist möglich, aber etwas schwierig, man sät gleichfalls im Herbst.

Krokus (Crocus)
Schwertliliengewächs

Der Krokus hat in seiner Familie so prächtige Verwandte wie Schwertlilien und Gladiolen, Freesien und Montbretien. Und doch war gerade der kleine Krokus – keine der zahlreichen Arten seiner Gattung übersteigt fünfzehn Zentimeter Größe – eine sehr geschätzte Kulturpflanze. Es handelt sich um den **Echten Safran** (Crocus sativus). Aus welcher Wildform er einst herausgezüchtet wurde, ist nicht mehr mit Sicherheit feststellbar.

Der Echte Safran wird noch heute in ausgedehnten Kulturen angebaut. Seine langen, dunkelroten und duftenden Narben verarbeitet man zu dem kostbaren Gewürz Safran. Man verwendete Safran früher auch zum Färben von Gebäck und Textilien, denn es enthält den Farbstoff Crocin.

Crocus sativus ist eine hübsche Gartenblume mit zartvioletten, dunkel geäderten Kronblättern und leuchtend gelben Staubgefäßen. Anders als unser wildwachsender Frühlingskrokus (Crocus vernus) blüht er im Herbst.

Wir schätzen den Krokus vor allem als Frühlingskünder. Die kleinere Wildart kann man nur auf Gebirgswiesen nach der Schneeschmelze blühend finden. Die zahlreichen Gartenarten gibt es in allen denkbaren Blütenfarben, auch mit Tonunterschieden von außen nach innen – nur nicht in warmem Feuerrot. Die zartfarbigen Blüten des Krokus wirken meist schon deshalb mehrfarbig, weil sich die gelben oder orangefarbenen Stempel und Staubblätter kräftig abheben, weil viele Sorten zarte oder deutliche Maserungen der Kronblätter zeigen und weil der Blütengrund häufig ins Helle oder Dunkle spielt.

Die einzelnen Krokusarten unterscheiden sich in der Zeit ihrer Blüte. Es gibt frühe Sorten, die in milden Lagen schon Anfang Fe-

Links oben: Blüte der Kaiserkrone. Rechts oben: Krokus »Gelbe Riesen«, links unten: Weißer Gartenkrokus, rechts unten: C. neapolitanum (zartviolett).

bruar blühen, spätere schmücken den Garten noch bis Ende April. Weniger stark ausgeprägte Unterschiede gibt es in der Pflanzenhöhe. Die meisten Arten werden acht bis zehn Zentimeter groß. Die grasartig schmalen Laubblätter tragen häufig weiße Mittelstreifen, was zum schmucken Aussehen der Pflanze beiträgt. Man darf diese Blätter keinesfalls nach der Blüte beim Rasenschneiden abmähen. Spätblühende Arten pflanzt man deshalb besser nicht in den Rasen.

Der Krokus sprießt aus haselnußgroßen Knöllchen, welche die Form kleiner Zwiebeln haben. Man legt sie im Juli höchstens zehn Zentimeter tief in die Erde. Der Krokus liebt vollsonnigen Stand, wie alle Zwiebelgewächse durchlässigen Boden; bei durchschnittlich humoser Gartenerde braucht er keine zusätzliche Düngung. Die Vermehrung geschieht durch Brutknollen. Gewöhnlich braucht man sich darum in den Folgejahren nicht mehr zu kümmern.

Im Gegensatz zur ähnlich gestalteten **Herbstzeitlose**, ein Liliengewächs, ist keine Krokusart giftig. Bei beiden Gattungen reicht die Kronröhre bis in den Boden zum unterirdischen Fruchtknoten hinab. Er wird nach der Blüte emporgehoben und reift oberirdisch. So haben weder Krokus noch Herbstzeitlose einen eigentlichen Blütenstengel. Ein sicheres Unterscheidungsmerkmal ist die Zahl der Staubgefäße: drei beim Krokus, sechs bei der Herbstzeitlose.

Lilie (Lilium)
Liliengewächs

Würdevoll, etwas kühl und steif, aber unvergleichlich schön in ihrer verschwenderischen Blütenpracht – das sind die Lilien. Einzeln oder in Gruppen setzen diese Pflanzen Höhepunkte in jedem Garten. Wer sie regelmäßig zum Blühen bringt, kann ein wenig stolz sein, denn diese zauberhaften Gartenblumen stellen mehr Ansprüche als manche andere Gewächse. Würde man in einem Buch von der Papierstärke des vorliegenden Bandes jeder der heute verfügbaren Lilienhybriden eine Seite mit Bild und Text widmen, so kämen wir auf eine Bandstärke von etwa zwölf Zentimeter! Man könnte beim Blättern in Blütenformen und Blütenfarben schwelgen, fände aber auf keiner Seite eine blaue Lilie. Es ist merkwürdig, daß die Natur einerseits so großen Spielraum für Züchtungen läßt, andererseits bestimmte, offenbar unüberwindbare Grenzen setzt.

Vielleicht war es die makellos reine Blüte der **Weißen Lilie** (Lilium candidum), welche diese Blume schon früh zum Wahrzeichen von Unschuld und Reinheit werden ließen. In christlicher Zeit verknüpfte man diese Lilienart mit der Muttergottes und legte ihr den Namen Marienlilie bei. Als Wappenfigur wetteifert die stilisierte Lilienblüte mit Adlern und Löwen.

Viele Wildarten der Gattung Lilie sind Steppenpflanzen. Die meisten Arten stammen aus Asien, eine Anzahl aus Nordamerika, aber nur wenige aus Europa. Unter ihnen gibt es eine auch bei uns heimische Bergwaldbewohnerin: die Türkenbundlilie. Ihre Gartenformen gedeihen am besten im Halbschatten, während die anderen Lilien möglichst viel Licht wollen, bodenaustrocknende Sonne aber nicht gut vertragen. Man sagt deshalb, daß die Lilien einen warmen Kopf über kühlen Füßen brauchen. Das erreicht man im Garten durch bodendeckende, niedrige Stauden an ihrem Standort. Lilien pflanzt man auch gern vor einem Gehölz, wo sie Windschutz haben, doch nicht unter Bäume. Hier wäre es zu schattig; außerdem beeinträchtigt Tropfwasser ihre Blüten. Steht noch keine den Boden vor Austrocknung schützende Bepflanzung zur Verfügung, hilft man sich mit einer Mulchschicht aus reifer Komposterde, die man mit Torf strecken kann.

Wo von Lilien die Rede ist, muß Jan de Graaf genannt werden, dem in Amerika die vielleicht bedeutendsten Zuchterfolge mit Lilien gelangen. Ihm und anderen zeitgenössischen Züchtern verdanken wir nicht nur eine Vielzahl neuer prachtvoller Hybriden, sondern auch größere Widerstandskraft dieser Sorten. Kostbare Lilien, einst seltene und umhegte Schätze in Klostergärten und höfischen Anlagen, können heute fast in jedem Hausgarten gedeihen.

Man unterscheidet trompetenartig geformte lange Blüten wie bei der vielleicht schönsten Art, der **Königslilie** aus China (Lilium regale) oder der **Osterlilie** aus Japan (L. longiflorum), sternförmig ausgebreitete Blüten mit mehr oder weniger weit zurückgebogenen Kronblättern wie bei der **Feuerlilie** aus Europa (L. ulbiferum) oder der **Goldbandlilie** aus Japan (L. auratum) und Blüten mit ganz zurückgeschlagenen Kronblättern wie bei der heimischen **Türkenbundlilie** (L. martagon) oder der **Prachtlilie** aus Japan (L. speciosum), bei deren Sorten die Blütenblattränder zudem in lebhaften Wellen verlaufen können. Dazwischen gibt es alle denkbaren

Übergänge; Punkte, eingerahmte Flecken und Streifen als Zeichnung in meist mehreren Farben auf der Innenseite der Kronblätter. Die **Tigerlilie** aus dem Fernen Osten (L. tigrinum) und die **Pantherlilie** aus Kalifornien (L. pardalinum) verdanken solchen Mustern ihren Namen, aber viele andere Lilien, zum Beispiel die **Kanadische Wiesenlilie** aus Nordamerika (L. canadense) zeigen ebenfalls auffällige »Bemalungen«.

Einheitlich für alle Lilien gilt die Sechszahl ihrer Kronblätter und die kennzeichnende Aufhängung der meist großen, starkfarbigen Staubbeutel auf der Mitte ihrer langen Seite. Sie bilden mit dem dünn auslaufenden Staubblattstiel ein bewegliches T.

Die kleinsten Lilien werden nur um vierzig Zentimeter groß, so die **Korallenlilie** aus Asien (L. pumilum), die größten 180 Zentimeter und mehr. Solche Riesen sind wegen ihrer meist umfangreichen Blütenstände besonders windempfindlich und brauchen einen gut geschützten Standort. Die Gabe der Lilienblüte, Wohlgeruch zu verströmen, ist unterschiedlich auf die einzelnen Arten verteilt.

Allgemein brauchen Lilien einen durchlässigen, nährstoffreichen, aber nicht fetten Boden. Stauende Nässe, Feind aller Zwiebelgewächse, verträgt die Lilie besonders schlecht. Zwiebelfäule und Absterben der Pflanze können die Folge sein. Die Zwiebeln besonders empfindlicher Arten wie die Goldbandlilie oder die **Japanlilie** (L. japonicum) graben manche Lilienfreunde im Herbst aus und lassen sie in Sägemehl von Nadelhölzern fäulnissicher überwintern.

Bei schweren Böden legt man Lilienbeete erhöht an oder errichtet kleine »Lilienhügel«, in denen sich kein Wasser ansammeln kann. Dem gleichen Zweck dienen Beetunterlagen aus Kies, Sandbetten unter jeder Lilienzwiebel oder nur eine Tonscherbenschicht unter den Pflanzen. Man kann beim Legen der Zwiebel die Erde ihrer unmittelbaren Umgebung mit Sand vermischen, um sie durchlässig zu machen. Das Bemühen, Lilienzwiebeln trockenzulegen, darf natürlich nicht zu einem Nährstoffmangel führen. Es ist deshalb besonders wichtig, daß der Oberboden viel Humus enthält.

In bezug auf den Kalkgehalt des Bodens ergeben sich unterschiedliche Ansprüche bei den einzelnen Lilienarten. Allgemein sollte der Boden eher schwach sauer oder neutral sein, bei wenigen Arten leicht alkalisch, also kalkhaltig, zum Beispiel bei der Madonnenlilie und den Türkenbundlilien. Doch gibt es z. B. ausgesprochen kalkmeidende Lilien wie die Kanadische Wiesenlilie, die Prachtlilie und die Goldbandlilie. Man sollte sich auf jeden Fall an die Angaben der Züchter halten und nur Lilien mit ähnlichen Bedürfnissen in einen Bestand nehmen. Eine solche »kalkarme Insel« in einem sonst kalkführenden Garten wird mit Komposterde gedüngt, die keine Zusätze von Kalk, dafür Torf enthält.

Lilienzwiebeln schützen sich nicht durch Häute, sondern durch fleischige, hüllblattförmige Schuppen. Sie sollten bei gekauftem Pflanzgut prall und fest sein. Welke Schuppen zeugen von Feuchtigkeitsverlust, möglicherweise von Lagerschäden. In mäßig feuchtem Erde-Sand-Gemisch oder angefeuchtetem Torfmull können Lilienzwiebeln bis zum Auspflanzen gelagert werden, kühl, aber frostfrei. Man muß sie auf jeden Fall vor dem Austrocknen schützen, was kurzfristig auch in einer geschlossenen Plastiktüte möglich ist.

Man legt Lilienzwiebeln im Herbst ab September, spätestens im November ins Freiland. Nur die Madonnenlilie will schon Ende August ausgepflanzt werden. Einige bringt man wegen ihrer Kälteempfindlichkeit besser erst im Frühjahr in die Erde, die jeweils mitgelieferten Anweisungen der Zuchtbetriebe geben darüber genaueren Aufschluß.

Die Zwiebel der **Madonnenlilie** bedeckt man nur wenige Zentimeter mit Erde, da sie über der Zwiebel keine Wurzeln ausbildet. Für alle anderen Lilienzwiebeln gilt, daß die Erdschicht über ihnen dreimal so stark sein soll wie die Zwiebelhöhe. Lilienzwiebeln werden also verhältnismäßig tief in den Boden gelegt. Diese Handhabe hängt mit ihrer Fähigkeit zusammen, sogenannte Stengelwurzeln oberhalb der Zwiebel zu bilden. Stengelwurzeln nehmen Nährstoffe auf und verbessern die Standfestigkeit der Pflanze. Eine so verankerte Lilie sollte man möglichst nicht mehr versetzen. Der oft angeführten Bodenmüdigkeit, die sich nach einigen Jahren durch nachlassendes Blühen zeigen könnte, beugt man durch regelmäßige Gaben gut ausgereifter Komposterde vor. Man düngt nur von der Erdoberfläche aus, gräbt also nichts ein, wozu die tiefliegende Zwiebel verleiten könnte. Zu meiden sind sowohl Kalk als auch stickstoffreiche Dünger, gleichgültig, welchen Ursprungs.

Lilien brauchen im allgemeinen keine zusätzliche Bewässerung, wenn sie, wie empfohlen, auf bedecktem oder überwachsenem Boden stehen. Da die Lilie während ihrer Blütezeit durch die vergrößerten Verdunstungsflächen mehr Feuchtigkeit verliert, sollte man bei länger ausbleibendem Regen gießen. Dabei ist ein Wässern des Bodens immer dem Beregnen vorzuziehen.

Nach der Blüte stellt man das Gießen ganz ein, die Zwiebel reift dann besser aus. Dagegen sollte unmittelbar nach dem Einsetzen der Lilienzwiebeln gut angegossen werden, was bei anderen Zwiebelgewächsen nicht nötig und auch nicht zu empfehlen ist. Der Grund für diese Regel liegt in den Schuppen der Lilienzwiebeln, die gegenüber den dichteren Häuten anderer Zwiebeln mehr Feuchtigkeit durchlassen und brauchen.

Die für den Winter vorsorglich aufgebrachte Eindeckung aus Laub und darübergelegtem Reisig entfernt man im Frühjahr bald, um die Lilien unter diesem Kälteschutz nicht zu vorzeitigem Austreiben anzuregen. Junge Triebe sind natürlich kälteempfindlicher als die tiefsitzende Zwiebel. Bei Nachtfrostgefahr schützt man schon ausgetriebene Lilien einfach mit übergestülpten Gefäßen, wie Blumentöpfen oder Eimern. Leere Papiersäcke erfüllen ebenfalls diesen Zweck.

Die Vermehrung durch Samen gelingt bei wenigen Lilienarten. Hybriden vererben ihre Eigenschaften nur durch ungeschlechtliche Vermehrung unverändert. Sie kann bei Lilien auf fünf verschiedene Weisen erfolgen:

1. durch Teilung der Zwiebeln, was sich bei Gartenblumen mit häutigen Zwiebeln ausschließt,
2. durch Zwiebelbrut, die im Herbst vorsichtig abgetrennt und eingesetzt oder im Haus überwintert wird,
3. durch abzulösende Zwiebelschuppen, die immer ein kleines Stück des Zwiebelbodens enthalten müssen, was sich dadurch ergibt, daß man nur eine äußere untere Schuppe ablöst,
4. durch Brutknöllchen in den Blattachseln oder zwischen den Stengelwurzeln – man sät sie im Herbst ins Freiland (Frostschutz!) oder in Saatkästen,
5. durch Blattstecklinge, was vor allem bei schmalblättrigen Arten gelingt. Man gewinnt sie mit einem Stück Stengel und zieht sie in Handkästen unter Glas in einem Gemenge aus Sand und gut ausgereifter Komposterde heran.

Der Leser sieht, daß Lilien ein Kapitel für sich sind. Sie können hier nicht erschöpfend behandelt werden. Allein die Abwehr der zahlreichen Lilienschädlinge und Lilienkrankheiten nimmt in der Fachliteratur breiten Raum ein. Zu erwähnen ist vor allem das Lilienhähnchen, ein kleiner roter Käfer, der, wie seine Larven, Li-

lienblätter frißt. Da er durch seine Farbe auffällt, kann man ihn ablesen und vernichten, bevor er Eier legt. Auch Wühlmäuse können Lilienbestände gefährden und vernichten. Ein sicheres Mittel sind käufliche Kunststoffcontainer oder selbstgefertigte Maschendrahtgefäße, in die man die Lilienzwiebeln mit Pflanzerde bettet und dann in den Boden versenkt. Solche Gefäße erleichtern außerdem das Herausnehmen der Zwiebeln für die ungeschlechtliche Vermehrung.

Durchlässiger, gut belebter Boden, nicht zu enger Stand und nicht zu große Anpflanzungen bilden die beste Voraussetzung, Gartenlilien gesund zu halten. Doch wird man Rückschläge mit so empfindlichen Pflanzen, deren Ansprüche sich von Art zu Art mitunter stark unterscheiden, nicht ganz ausschließen können. Lilien geben Anlaß zu besonderen Blumenfreuden, aber auch zu vielerlei Erfahrungen.

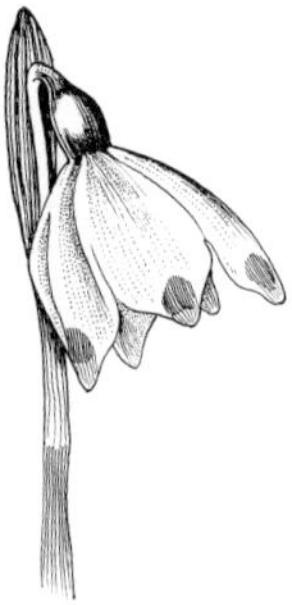

Märzenbecher (Leucojum vernum)
Frühlingsknotenblume
Amaryllisgewächs

Wildwachsend findet man die Märzenbecher noch auf Voralpenwiesen, doch wurden sie an vielen Standorten ihrer einstigen Verbreitung ausgerottet. Gartenfreunde sind daran nicht ganz unschuldig, denn wo der Märzenbecher noch vorkommt, sieht man immer wieder Leute, die seine Zwiebeln ausgraben, damit der frühe Blumenschmuck dem eigenen Grundstück zugute kommen soll.

Zum Durchstoßen einer dünnen Schneedecke befähigt den Märzenbecher ein derbhäutiges Hochblatt, in dessen Schutz sich das meist einzige Glöckchen entfaltet. Seine Kronblattzipfel tragen gelbe oder grüne Punkte.

Die Zwiebelchen des Märzenbechers sind beim Gärtner so

An der Südseite eines Baumstammes fängt sich die Frühjahrssonne und ergibt einen geschützten Standort für den Märzenbecher.

preiswert zu haben, daß sie niemand mehr der freien Natur entnehmen sollte. Man legt sie im Spätsommer oder Herbst gut fünf Zentimeter tief in humusreichen Boden und achtet auf Mindestabstände von fünfzehn Zentimeter.

Die Knotenblume wächst gern gesellig, und sie wirkt im Frühling auch besonders hübsch, wenn man sie scharenweise zwischen Gehölzen oder unter Bäumen hat. Wo sie sich wohl fühlt, kommt sie alle Jahre wieder, ihr Standort darf nicht zu trocken, der Boden nicht zu leicht sein. Der Märzenbecher gehört zu den wenigen Zwiebelgewächsen unter unseren Gartenblumen, die lehmigen Boden wollen. Die Pflanze wird um zwanzig Zentimeter hoch.

Nach der Blüte senken sich die Stengel zu Boden, der Samen reift heran und wird oft von Ameisen verbreitet.

Gut doppelt so hoch wird das **Sommertürchen** (Leucojum aestivum), dessen Blüten denen des Märzenbechers gleichen, aber die zu dritt, viert oder fünft an einem Blütenstengel nicken. Es gibt verschiedene Sorten mit unterschiedlichen Blühzeiten. Das Sommertürchen braucht noch mehr Feuchtigkeit als der Märzenbecher, es eignet sich gut zur Randbepflanzung eines Sumpfbeetes. Im Herbst frisch eingepflanzte Zwiebeln sollten Frostschutz in Form einer dünnen Laub- oder Reisigbedeckung erhalten.

Der Märzenbecher wird oft mit dem zur gleichen Zeit und an ähnlichen Standorten blühenden Schneeglöckchen verwechselt. Es handelt sich aber um verschiedene Gattungen innerhalb der Familie Amaryllisgewächse.

Narzisse (Narcissus)
Amaryllisgewächs

Die Heimat der meisten Wildnarzissen liegt im Mittelmeerraum, sie wurden schon im klassischen Altertum als Gartenpflanzen gezüchtet. Der Veränderlichkeit der Narzissenblüte in Zuchtsorten scheint keine Grenzen gesetzt zu sein. Es kommen immer wieder neue Zuchtergebnisse hinzu, obwohl es mehr als achttausend Sorten gibt. Man unterscheidet eine flachblütige Grundform, oft in Weiß mit gelber, rot geränderter Nebenkrone, und eine trompetenförmig langgestreckte Blütenform.

Zur ersten Gruppe gehört die stark duftende **Dichternarzisse**

(Narcissus poeticus), zur zweiten die eigentlichen **Osterglocken** (N. pseudonarcissus).

Die Farben der Narzissen spielen von Weiß, das verschiedene Tönungen mit silbrigem Glanz haben kann, zu Gelb, Goldgelb, Orange und Rot. Krone und Blütenhülle tragen oft verschiedene Farben, können aber auch einheitlich weiß oder gelb sein. Viele Sorten zeichnen sich durch starken Blütenduft aus.

Auch wer im Garten wenig Platz für Frühlingsblüher hat, wird auf die Narzisse nicht verzichten wollen, weil schon wenige Gruppen von ihr unübersehbare farbige, festliche Zeichen setzen.

Die Narzissen brauchen frischen, nährstoffreichen, also stark humosen Boden, der während ihrer Blütezeit ziemlich feucht sein darf. Lehmhaltige Erde eignet sich besser als sandige, Kalkgehalt, also alkalischer Boden, ist erwünscht. Volle Sonne schadet nicht, doch gedeihen die Narzissen auch im Halbschatten, zum Beispiel unter Obstbäumen.

Die kleinsten Sorten von zehn bis zwanzig Zentimeter Höhe machen sich gut im Steingarten. Die besonders anmutigen Dichternarzissen können bis zu einem halben Meter hoch werden, sie brauchen mehr Feuchtigkeit als die anderen Arten. Die große Sortenzahl der Narzissen erlaubt es, nach Blühzeiten von März bis Mai zu staffeln. Wie jeder weiß, sind Narzissen hervorragende Schnittblumen.

Neben den durchweg großblütigen Gartennarzissen gibt es sogenannte Wildnarzissen, die nur zehn oder zwanzig Zentimeter hoch werden. Unter ihnen sehr reizvolle Sorten wie die **Alpenveilchen-Narzisse** (N. cyclamineus) oder die **Reifrock-Narzisse** der Gattung Corbularia. Auch unter den Wildnarzissen gibt es früher und später blühende Arten und Sorten. Alle Wildnarzissen eignen sich fürs Steinbeet, wo man sie in kleinen Grüppchen anpflanzt.

Man legt Narzissenzwiebeln im Herbst je nach Größe zehn bis zwanzig Zentimeter tief in den Boden und versieht die Pflanzung im ersten Winter mit einem Frostschutz. Im Frühjahr ist unbedingt darauf zu achten, daß das grüne Laub nach dem Verblühen nicht abgemäht wird. Man muß warten, bis es vergilbt und eingezogen ist.

Hat man Narzissen erst einmal im Garten, so sorgen sie selbst für ihre Vermehrung. Man kann in den kommenden Jahren immer wieder kleine Zwiebeln von den großen abtrennen und so zu neuen Pflanzen kommen.

Das vielblütige »Sommertürchen« eine spätblühende Knotenblume. Rechts: Narzissenbusch.

Setzt man eingewurzelte Zwiebeln im Herbst in einen Topf und stellt ihn an einen kühlen Platz im Haus – erst dunkel, später hell –, so kann man schon im Spätwinter blühende Narzissen haben.

Schneeglöckchen (Galanthus nivalis)
Amaryllisgewächs

Das Schneeglöckchen bedarf keiner Beschreibung. Man pflanzt es in lockeren Horsten oft wechselweise mit dem etwas größeren Märzenbecher. Sein Anspruch an Boden, Pflanzung und Pflege gleicht dem, was vom Märzenbecher gesagt wurde. Bei gutem Humusgehalt der Erde muß man sich um die Schneeglöckchen nicht weiter kümmern. Ihre anwachsenden Zwiebelkolonien können nach einigen Jahren zur weiteren Vermehrung ausgegraben, getrennt und wieder eingesetzt werden.

Links oben: Träubel-Hyazinthe. Die übrigen Bilder: Tulpen.

Traubenhyazinthe (Muscari)
Liliengewächs

Die unzähligen Perlen dieser besonders dankbaren Frühlingsblume verschwimmen im Garten zu himmelblauen oder dunkelblauen Tupfen und Flächen. Man kann unter zahlreichen Gartensorten wählen, eine Vielfalt, dem ein Artenreichtum der im Mittelmeerraum wildwachsenden Traubenhyazinthe entspricht. Die niedrigsten Gartenformen werden nur fünfzehn, die höchsten fünfzig Zentimeter hoch. Einige Arten duften gar nicht, andere schwach, wenige stark. Zu ihnen gehört Muscari moschatum.

Die meisten Traubenhyazinthen bleiben in Blau- und Violetttönen, doch gibt es auch weiß- und rosablühende Sorten. Man hat in ihnen reizvolle Spielarten, aber wird auf die Dauer doch bei blauen Traubenhyazinthen bleiben, einfach weil sie zum Bild des Frühlings gehören.

Die winzigen Zwiebeln der Traubenhyazinthe legt man von August bis Anfang Oktober – früher ist günstiger – gut fünf Zentimeter tief in die Erde. Jeder Gartenboden eignet sich, ausreichende Feuchtigkeit vor allem zur Blühzeit vorausgesetzt. Ein vollsonniger Stand ist gut, aber Traubenhyazinthen entfalten sich auch im Halbschatten. Eine leichte Bodenbedeckung während des Winters kann nur nutzen. Für weitere Vermehrung muß man bei der Traubenhyazinthe nicht sorgen, sie samt sich aus und verdichtet ihren Bestand durch Tochterzwiebeln. Läßt man die Pflanzen gewähren, so nehmen sie mit der Zeit immer größere Flächen ein. Wühlmäuse verschmähen die Zwiebeln.

Die Traubenhyazinthe eignet sich zum Treiben für eine Winterblüte im Zimmer. Die Raumtemperatur sollte dafür nicht viel über zehn Grad liegen.

Die **Federhyazinthe** (M. comosum) zählt zur selben Gattung, zeigt aber einen ganz anderen Blütenstand: federig verzweigte violette Büsche. Sie blüht von Mai bis Juni und bildet eine reizvolle Ergänzung zur Traubenhyazinthe.

Tulpe (Tulipa)
Liliengewächs

Man unterscheidet die sogenannten Wildtulpen von den Gartentulpen, wobei es eine wahrhaft unendliche Sortenfülle gibt.

Die Wildtulpen ähneln den Stammformen der Tulpen, deren Heimat Afghanistan, Persien und Turkestan ist. Wildtulpen blühen früher, sind kleiner und unempfindlicher als Gartentulpen, winterhart, und ihre Zwiebeln können stets an ihrem Platz bleiben.

Wer nicht darauf aus ist, das jeweils Neueste an Tulpen in seinem Garten zum Blühen zu bringen, ist mit Wildtulpen sehr gut bedient. Wo sie einmal stehen, bilden sie von Jahr zu Jahr größere Nester. Die wichtigsten Arten sind Tulpia clusiana, T. kaufmanniana und T. praestans. Ihr Nachteil: Sie blühen nicht so lang wie spätere Arten der Gartentulpen. Natürlich kann man die langgestielten großblütigen Gartentulpen vielseitiger als Schnittblumen verwenden als ihre etwas bescheideneren »wilden« Schwestern.

Als die ersten Tulpenzwiebeln Ende des 16. Jahrhunderts nach Holland kamen, lösten sie dort in kurzer Zeit ein Tulpenfieber aus, das wie eine ansteckende Krankheit um sich griff. Die Spekulation mit Tulpenzwiebeln weitete sich in einem Maße aus, daß die holländische Regierung strenge Gesetze gegen den Tulpenrausch und seine Auswüchse erlassen mußte. Holland blieb das erste Tulpenland der Welt, die Tulpenzucht wurde dort zur Grundlage eines bedeutenden Wirtschaftszweiges.

Wie bei der Gattung Lilie gibt es bei den Tulpensorten alle nur denkbaren Farben – einfarbig, mehrfarbig, gefüllt und in vielerlei Kronblattformen –, aber kein Blau. Auch zwischen verschiedenen Blütendüften kann man wählen. Wichtiger für den Gartenfreund ist die Einteilung nach Blühzeit von Anfang April bis Ende Mai und nach Wuchshöhe, denn nicht alle Gartentulpen müssen lange Stiele haben.

Wer tiefer in die Welt der Tulpen eindringen möchte, sollte sich nicht nur in die jährlich neu erscheinenden Kataloge der Züchter vertiefen, sondern sich in Gärtnereien, botanischen Gärten und Ausstellungen umtun. Unzählige Tulpen gibt es in jedem Frühling auf der Insel Mainau, unabsehbare Tulpenmeere in Holland zu bewundern.

Tulpenzwiebeln setzt man wie andere Blumenzwiebeln ab September ins Freiland und gibt ihnen im Winter eine Frostschutzdecke aus Laub oder Reisig. Tulpen brauchen einen humosen Boden, frei von Staunässe und eher leicht und sandig als schwer und tonig.

Wo Wühlmausgefahr gegeben ist, muß man die Zwiebeln mit Gitterschutz aus Plastikcontainern oder Maschendraht umhüllen. Die Vermehrung der Gartentulpen erfolgt ungeschlechtlich durch Brutzwiebeln. Man kann sie nach einigen Jahren von den Mutterzwiebeln abtrennen, man soll es sogar tun, damit die Tulpenhorste nicht zu dicht werden. Entfernt man Blüten, die nicht als Schnittblumen gebraucht werden, läßt man den Blütenstiel stehen, seine Nährstoffe kommen der reifenden Zwiebel zugute.

Gartentulpen gibt man in jedem Herbst ausgereifte Komposterde unter den Reisigschutz. Mitunter werden Tulpenzwiebeln nach dem Abblühen und Einziehen des Laubes ausgegraben, um anderen Blumen Platz zu machen, man lagert sie dann in einem kühlen Raum des Hauses ein, wo sie überwintern.

Mit den Tulpen schließen wir den Reigen winterharter Gartenblumen aus Zwiebeln und Knollen. Bekannte und beliebte Gewächse dieser Gruppe wären noch zu nennen, so die im Halbschatten blühenden **Anemonen** (Anemone), der wasserblaue **Frühlingsstern** (Ipheion) des gleichen Standortes, das **Garten-Alpenveilchen** (Cyclamen), das als Waldpflanze ebenfalls Halbschatten bevorzugt und im Herbst blüht, der sommerblühende **Sauerklee** (Oxalis), eine Waldpflanze, die den Steingarten ziert und keinen Kalk verträgt, die zierliche **Schachbrettblume** (Fritillaria meleagris) aus der

Winterling mit Schneeglöckchen.

Winterling kann wirklich schon im Winter grünen und blühen.

Gattung der Kaiserkronen, als Wildpflanze unserer Feuchtgebiete höchst selten geworden, der **Winterling** (Eranthis), ein besonders kälteunempfindlicher Zwerg, der schon ab Januar seine gelben Blüten öffnet, die stattliche **Präriekerze** (Camassia), ein sonnenliebendes Gewächs, das bis zu einem Meter hoch wird und zwischen Frühling und Sommer blüht, und schließlich die allbekannte **Herbstzeitlose** (Colchicum), das zartviolette Schlußlicht im Jahreslauf der Gartenblumen.

NICHT WINTERHARTE GARTENBLUMEN AUS ZWIEBELN UND KNOLLEN

Man könnte sich einen Blumengarten vorstellen, der nur mit Pflanzen ausgestattet wurde, deren Wildformen in unserem Klima wachsen. Diese naturnahe Gestaltung mit Blumen wäre formenreich, vielseitig und von besonderem Reiz. Aber wir müßten auf viele gute Bekannte des Blumengartens verzichten, die uns als Gäste ferner Länder liebgeworden sind, die in unseren Gärten schon seit langem Heimatrecht erworben haben. Zu ihnen gehören die Zwiebel- und Knollengewächse, deren unterirdische Teile wir im Haus überwintern lassen, weil sie kälte- und frostempfindlich sind. Wir finden deshalb unter dieser verhältnismäßig kleinen, aber besonders prächtigen Pflanzengruppe keine Frühlingsblüher, die sich ja in besonderem Maße durch Kältefestigkeit auszeichnen müssen. Im Gegensatz zu den in Schalen gegliederten Zwiebeln handelt es sich bei den Knollen um verdickte Wurzel-, Stengel- und Sproßteile aus meist ungegliederter Pflanzenmasse. Ihr Hauptbestandteil ist Stärke, haltbar eingelagerte Sonnenenergie.

Knollen können aus Augen oder Knospen Triebe bilden wie die Kartoffeln oder aber der Pflanze nur als Speicherorgane dienen wie bei den Dahlien, wo die neuen Triebe der Stengelbasis entspringen. Zwischen Knollen und Zwiebeln gibt es fließende Übergänge, man spricht zum Beispiel von Knollenzwiebeln der Schwertliliengewächse.

Die Aufgabe der Schalen oder Schuppen bei Zwiebeln übernimmt bei den Knollen eine meist derbe Haut. Sie schützt vor Wasser und Fäulnis im Boden, aber nur unzureichend vor Verdunstung an der Luft. Für einen Aufenthalt außerhalb der Erde sind Knollen eigentlich nicht angelegt. Wir muten ihnen aber zu, ein halbes Jahr und länger in unserem Haus zu verbringen. Zwar durchlaufen sie dann eine Ruhezeit, aber sie leben weiter. In gewisser Weise kann man das auch von den Samenkörnern sagen. In feuchter Wärme schwellen sie an und machen dadurch die ersten sichtbaren Stoffwechselschritte – Voraussetzung für das Entstehen einer neuen Pflanze. Auch die Knollen bleiben während ihrer Ruhezeit abhängig von ihrer Umgebung. Sie können austrocknen und damit an Lebenskraft verlieren oder ganz absterben. Sie können, wenn sie feucht werden, faulen, und sie können Schadstoffe aufnehmen, wenn sie beispielsweise in kunstharzlackierten Schubladen aufbewahrt werden. »Selbst nach vielen Jahren noch, wenn der Kunstharzgeruch gar nicht mehr wahrnehmbar ist, wirkt er zerstörend auf die Keimkraft von Sämereien, wie Pflanzenschutz-Untersuchungen ergeben haben. Die pflanzenschädliche Wirkung dieser zur Holzbehandlung heute fast ausschließlich verwendeten Lackverbindung ist bei Blumenzwiebeln und -knollen noch intensiver.« (Blumen & Garten, Band 4.)

Man könnte Flüssigkeitsverlust oder Stoffaufnahme in der genannten Weise als einen passiven Stoffwechsel nennen, dem Knollen mehr, Samen weniger unterliegen.

In nicht zu trockener Luft und bei Temperaturen um zehn Grad kann man Knollen einfach in einem unbehandelten Holzkistchen aufbewahren. Sicherer geht man, wenn man sie wie einzulagerndes Wurzelgemüse in nicht ganz trockenen Sand oder ebensolchen Torfmull einschlägt und bei Temperaturen zwischen vier und zwölf Grad ruhen läßt. Dieses Verfahren bewährt sich vor allem bei lufttrockenen Räumen, wenn man sich die Mühe macht, Sand oder Torfmull regelmäßig zu prüfen und gegebenenfalls wieder leicht anzufeuchten. Das Einschlagmaterial darf nie staubtrocken werden, aber auch nicht naß sein.

Eine Aufbewahrung in Folienbeuteln wird als durchführbar beschrieben, doch würde ich das Einschlagen in Sand oder Torf vorziehen, weil es den natürlichen Bodenbedingungen näherkommt und Luftaustausch einschließt, was in der geschlossenen Folientüte nicht möglich ist. Hier besteht deshalb die Gefahr der Schwitzwasserbildung bei Schwankungen der Außentemperatur.

Knollen, die Augen bilden, also keimfähig sind, kann man in der Regel teilen und so für die ungeschlechtliche Vermehrung der Pflanze sorgen. Voraussetzung ist, daß die Knolle nicht zu jung, das heißt groß genug ist, und genügend Augen vorhanden sind. Die gesunde Knolle entwickelt Inhaltsstoffe, die ein Faulen der ungeschützten Schnittstellen bei durchlässigem Gartenboden verhindern. Das kann man gut an geteilten Kartoffeln beobachten, die sogar in feuchter Erde und selbst auf Mistunterlage nicht, wie zu erwarten wäre, anfaulen, sondern unversehrt bleiben und Triebe bilden. Die Schnittstellen empfindlicherer Blumenknollen kann man nach oberflächlichem Abtrocknen mit Holzkohlenpulver oder einfach Holzasche bestäuben, bevor man sie in den Boden legt.

Es gibt für die Gartenpflanzen im allgemeinen, für Knollen im besonderen eine lange Reihe von Krankheitserregern: Pilze, die den Grauschimmel hervorrufen, Bakterien, Viren und Schmarotzer. Man muß deshalb nicht gleich in den Giftschrank greifen, Fungizide sprühen und Desinfektionsmittel aufpinseln. Überall in der Natur lauern zahllose Mikroben, aufmerksame Wächter, die angeschlagene und kranke Lebewesen von der Fortpflanzung ausschließen, die das Lebendige vor dem Toten schützen. Sie erfüllen ein ebenso hartes wie notwendiges Naturgesetz als Voraussetzung sowohl der Lebensentfaltung als auch der Evolution.

Wenn wir uns beim Arbeiten in den Finger schneiden, schaffen wir einen Nährboden für Millionen von Bakterien; trotzdem heilt der Finger an einem halbwegs gesunden Menschen ohne Desinfektionsmittel. Die körpereigene Abwehr tritt an und bewahrt das lebende Gewebe vor dem Angriff der Zersetzer. Auch Anfangserfolge der Angreifer werden in einer heißen Schlacht, der Entzündung, eingedämmt und schließlich durch nachwachsendes Gewebe wieder ausgeglichen. Ebenso kann man im Garten auf die Selbstheilungskräfte der Natur bauen, wenn man für gute Lebensbedingungen durch ungestörte Kreisläufe sorgt, vor allem für einen gesunden Boden. Man wird sich bald einen Blick für gesunde Pflanzen und einwandfreies Pflanzgut, wie z. B. Zwiebeln und Knollen, erwerben.

Von den nicht winterharten Zwiebel- und Knollengewächsen im Blumengarten beschreiben wir im folgenden fünf Gattungen und treffen damit wieder eine recht willkürliche Wahl. Natürlich ist es unverzeihlich, das Indische Blumenrohr oder die Jakobslilie unberücksichtigt zu lassen, aber Beschränkung tut not. Hat man die allgemeinen Pflegeansprüche dieser Gewächse etwa am Beispiel Dahlien oder Gladiolen erprobt, dann wird man unschwer auch andere Vertreter dieser erlesenen Gartenschönheiten mit Erfolg, das heißt viele Jahre lang, zum Blühen bringen.

Dahlie (Dahlia)
Georgine
Korbblütler

Unsere Gartendahlien gehen auf mehrere Stammformen der Neuen Welt zurück. Die wahrscheinlich wichtigste, Dahlia variabilis, wächst als Staude mit kleinen dunkelroten Blütenständen in Mexiko. Dort sind auch die anderen Wildarten aus dem Stammbaum unserer Zuchtdahlien beheimatet.

Den jahreszeitlichen Dreiklang aus Tulpen im Frühling und Lilien im Sommer beschließt die Dahlie als eine nicht weniger prachtvolle Gartenblumengattung des Spätsommers und Herbstes. Den drei so unterschiedlichen Gruppen ist die unabsehbare Fülle ihrer Zuchtformen gemeinsam und das trotz breitester Farbentfaltung durchweg fehlende Blau ihrer Blüten.

Zu den Tausenden schon bestehenden Zuchtsorten der Dahlie kommen jährlich neue hinzu; eine umfassende Übersicht ist nicht mehr möglich. Eine Hilfe gibt die Gruppierung der Dahlien nach ihren Blütenformen: einfache, halbgefüllte und gefüllte Dahlien. Diese Gruppen unterteilt man wieder in Klassen wie Anemonenblütige, mit verhältnismäßig kleinen, aber dafür sehr zahlreichen und ausdauernden Blüten, Halskrausen-Dahlien, die durch einen Zwischenkranz mittelgroßer »Blütenblätter« (Zungenblüten) oft dreifarbig gezüchtet werden, gefüllte Pompon-Dahlien, die sich zu papierblumenartigen Blütenköpfen runden, ähnlich die Ballförmigen Dahlien, gleichfalls gefüllt, mit schmal eingerollten »Blütenblättern« die Cactus-Dahlien, Schmuckdahlien (Dekorative Dahlien) mit zweifarbig abgesetzten »Blütenblättern« und andere. Die Dahlien versprühen ein Feuerwerk an Farben, zeigen aber auch sehr zurückhaltende Pastelltöne, reines Weiß oder tiefes Schwarzrot.

Es gibt kleine Sorten für Pflanzkübel und Balkonkästen und große Büsche bis 140 Zentimeter Höhe. Die frühesten Sorten kann

Blütenstand der Dahlie.

man durch Vortreiben im Haus schon ab Mai zur Blüte bringen, den spätesten bereitet erst der Frost ein Ende ihrer Blühzeit. – Da die Dahlienknollen nicht tief ins Freiland gelegt werden – die Erdschicht über den Knospen für neue Triebe soll nur drei Zentimeter stark sein –, kann man die frostempfindlichen Knollen erst ab Mai ins Freiland setzen, in manchen Lagen sogar erst nach den Eisheiligen. Das bedeutet, daß Dahlien bei uns vorwiegend im Spätsommer und Herbst in Blüte stehen.

Dahlien bilden während des Sommers blatt- und stengelreiche Büsche mit überaus vielen und oft großen Blütenköpfen. Die größten der Schmuckdahlien erreichen bis zu 25 Zentimeter Durchmesser und sind zudem kugelig gefüllt. Mit anderen Worten: Die Dahlie verausgabt sich in den wenigen Monaten ihrer Entfaltung stark. Das gilt besonders für die großen Sorten. Zwar zehrt die Pflanze zunächst von den Nährstoffen ihrer Wurzelknolle, aber bis zum Herbst muß sie diese Speicherorgane auch wieder wohl gefüllt haben. So versteht es sich von selbst, daß Dahlien einen besonders guten, nährstoffreichen Boden brauchen. In Gartenbüchern wird deshalb empfohlen, ihnen »ab Frühsommer alle zwei bis drei Wochen eine Kopfdüngung mit Volldüngerlösung« zu geben. Solche arbeitsaufwendigen Ratschläge, die im mineralgedüngten Garten ihre volle Berechtigung haben, brauchen den Gartenfreund, der seine Blumen biologisch pflegt, nicht zu verunsichern. Je nachdem, wann ausgereifte Komposterde zur Verfügung steht, versetzt man die obere Bodenschicht des Dahlienbeetes mit frischem schwarzem Humus und mißt diese Gabe eher reichlich als knapp.

»Frischer Humus« ist nicht mit Frischkompost zu verwechseln, der für die Düngung von Gartenblumen nicht verwendet werden sollte. Will man ein übriges tun, so gibt man den Dahlienpflanzen während des Jahres einige Schaufeln Komposterde, doch genügt grundsätzlich eine kräftige Jahresdüngung. Komposterde ausbringen heißt immer, Vorratsdüngung zu geben, aus der sich die Pflanze nach Bedarf selbst bedienen kann. Bei wasserlöslichem Mineraldünger hätte es wenig Wirkung, die Jahresmenge auf einmal zu verabreichen, weil die Düngesalze vom Regen ausgeschwemmt werden. Anfänglichem Überfluß würde bald der Mangel folgen.

Bevor man die Dahlienknollen im Mai an ihren Standort im Freiland setzt, legt man sie über Nacht in Wasser, falls man sie trocken gelagert hatte. Großen Sorten läßt man einen Abstand von einem Meter, kleineren fünfzig Zentimeter. Hochwachsende Dahlien brauchen Stützen, an die man später die nicht sehr standfesten Stengel lose befestigen kann. Um Knollen und Wurzeln nicht zu beschädigen, treibt man solche Holzpflöcke gleich mit dem Auslegen der Knollen in den Boden. Hatte man nicht genügend Komposterde, um das ganze Dahlienbeet mit einer Schicht zu versehen, so sollte man beim Setzen die unmittelbare Knollenumgebung reichlich mit Komposterde durchmischen.

Zum Heranwachsen der Dahlien und während ihrer ganzen Blütezeit muß der Boden stets gut durchfeuchtet sein, um dem Wasserbedarf dieser Pflanzen gerecht zu werden. Regelmäßiges Gießen setzt allerdings einen durchlässigen Boden voraus, denn Staunässe wäre für die Dahlien ebenso ungünstig wie Trockenheit. Bei Nachtfrostgefahr während der Zeit des Austriebs sollte man die Jungpflanzen mit umgedrehten Gefäßen, Zeitungspapier oder Säcken schützen. Möglicherweise auftretende Frostschäden am jungen Grün gleicht die Knolle durch Nachschub aus.

Zugunsten kräftig sich entwickelnder Pflanzen und großer Blüten empfiehlt es sich, nicht alle der oft zahlreichen Triebe einer Knolle aufkommen zu lassen. Man verschafft den stärksten mehr Platz, indem man kleinere wegnimmt. Später verträgt der blühende Dahlienbusch die Entnahme von Schnittblumen sehr gut. Darüber hinaus entlastet man die Pflanze, wenn man welkende Blütenstände abschneidet und so die Samenbildung verhindert. Wer selbst aus Samen Dahlienpflanzen ziehen möchte, was durchaus möglich ist, läßt nur einige wenige Blütenstände in Samen gehen.

Man sät den gut ausgereiften Samen im nächsten Jahr mit dem Einpflanzen der Knollen. Man wird sich allerdings einige Jahre gedulden müssen, bis man große Knollen erzielt und man muß bei Hybriden Veränderungen der Blüte in Kauf zu nehmen.

Wenn im Herbst der erste Frost die Dahlien in Mitleidenschaft zieht, schneidet man sie über dem Boden ab, lockert die Erde um die Knollen und hebt sie mit der Grabgabel vorsichtig heraus. Je nach Wetter läßt man sie draußen oder im Haus abtrocknen, nachdem man sie von Erdresten befreit hat. Bei nicht herabgesetzter Luftfeuchtigkeit, wie sie in einem Keller mit Naturboden gegeben ist, können die Knollen in einem dunklen Kellerraum oder in einer lichtabschirmenden Kiste ohne Bedeckung überwintern. Bei trokkener Luft empfiehlt sich das oben beschriebene Einschlagen in Sand oder Torf.

Vor dem Aussetzen im Frühjahr kann man gut entwickelte Knollen teilen und so die Dahlien sortenecht vermehren. Da die Dahlie nicht aus den Knollen, sondern bei den Stengelansätzen austreibt, muß man auf die dort sitzenden Augen achten, kein Teilstück darf ohne Knospen sein. Knollen, die im Winter zu feucht gelagert wurden und angefault sind, kann man möglicherweise retten, wenn man die angegriffenen Stellen mit einem scharfen Messer vollständig herausschneidet und die Wundflächen mit Holzkohlenstaub oder Holzasche überpudert.

Freesie (Freesia)
Kapmaiblume
Schwertliliengewächs

Der zarte Gast aus Südafrika wurde erst Anfang des vorigen Jahrhunderts nach Europa eingeführt. Freesien konnte man in unseren Breiten nur als Zimmerpflanze zur Blüte bringen. Erst neuere

Zuchtbemühungen führten zur Freilandfreesie, die gut an unser Klima angepaßt ist. Es stehen mehrere Arten und eine Reihe von Hybriden zur Verfügung.

Der besondere Reiz dieser duftigen und meist auch duftenden Blütengebilde liegt in ihren fein gestuften Pastelltönen. Der oft hellere Blütengrund kann eine dunklere Maserung zeigen. Ein Stengel trägt stets mehrere Blüten, die sich nacheinander öffnen und auch als Schnittblumen lange halten.

Die Knöllchen der Freilandfreesien bringt man Ende April oder Anfang Mai etwa acht Zentimeter tief in den Boden und achtet auf wenigstens zehn Zentimeter Abstand zur Nachbarpflanze. Vorteilhaft pflanzt man Mischungen in kleinen Gruppen. Diese aparten Blumen, die nicht höher als vierzig Zentimeter werden, betrachtet man vorteilhaft aus der Nähe. Darauf sollte man bei der Wahl ihres Standortes achten und sie nicht in unmittelbare Nachbarschaft mit starkfarbigen Blumen setzen. Da die Freesien nahezu alle Farbtöne selbst hervorbringen, brauchen sie keine farblichen Gegengewichte.

Der Boden soll locker und humusreich sein und mäßig feucht gehalten werden. Freesien lieben eine leichte Beschattung und gedeihen auch dann, wenn sie nur kurz volle Sonne bekommen.

Etwas früher als die Dahlien, nämlich vor den ersten Frösten, hebt man die Knöllchen aus der Erde und lagert sie kühl, aber frostfrei. Wie Dahlienknollen sollte man sie bei heizungsbedingter trockener Luft einschlagen.

Gladiole (Gladiolus)
Siegwurz
Schwertliliengewächs

Die in unseren Breiten fast unwirkliche Pracht der Zuchtgladiolen macht leicht vergessen, daß wir auch in unserer Wildflora eine echte Gladiole haben, die Sumpf-Siegwurz (Gladiolus palustris). Sie verrät auf den ersten Blick ihre Gattungszugehörigkeit zu den Gladiolen, aber nur wenige Menschen bekommen die zart violette Wildblume zu Gesicht – sie gehört zu den seltensten und deshalb auch streng geschützten Pflanzen unserer Heimat. Die etwa 250 Wildarten der Gladiole wachsen in wärmeren Ländern der Alten Welt: im Mittelmeerraum und in Südafrika. Schon um die Mitte des 18. Jahrhunderts holte man Gladiolen aus Südafrika nach Europa, aber erst ein knappes Jahrhundert später gelang in Gent die Züchtung der ersten Hybriden. Von hier aus nahm der Siegeszug der Siegwurznachkommen seinen Lauf in die Gärten der Welt. Noch heute erscheinen jährlich neue Hybriden auf dem Markt und vergrößern das unübersehbare Angebot an Zuchtgladiolen weiter.

Die Knollen der Zuchtgladiolen sind durchweg frostempfindlich. Doch gibt es Gartengladiolen, die näher an den europäischen Wildformen blieben und deshalb auch während der kalten Jahreszeit im Freiland bleiben. Pflanzen und Blüten von Gladiolus byzanthinus und Gladiolus communis (Gemeine Siegwurz) sind deutlich kleiner als die der Zuchtgladiolen, aber sie stehen diesen in ihren rosa-, purpur- oder violettfarbenen Blütenfarben nicht nach. Da sie früher im Jahr austreiben, können sie im Garten schon ab Mai zur Blüte kommen. Die nur etwa um fünfzig Zentimeter hohen **Wildgladiolen** eignen sich gut fürs Steinbeet – um so mehr, als sie viele Jahre lang an ihrem Standort ausharren und blühen können.

Die **Zucht**- oder **Edelgladiolen** werden bis zu 150 Zentimeter hoch. Mit ihren reichen Blütenständen könnte man sie als ein wahrhaft leuchtendes Beispiel für ideale Schnittblumen bezeichnen. Man schneidet den Blütenstand im Knospenzustand, die Blüten entfalten sich dann im Wasser von unten nach oben und halten so den Eindruck der Frische besonders lang aufrecht. Beim Abtrennen der Blütenstiele sollte man darauf achten, daß möglichst viele der schwertförmigen Laubblätter stehen bleiben, sie sind für die Nährstoffbildung und damit zum Ausreifen der Knollen unentbehrlich.

Die Vielfalt der Zucht- oder Edelgladiolen äußert sich vor allem in ihrer Farbgebung. Die Blütenform ändert sich im Vergleich etwa zur Gattung der Lilien nur geringfügig von Art zu Art oder Sorte zu Sorte. Aber die Farbgebung ist bei den Zuchtgladiolen ein Spiel ohne Grenzen. Der Farbkreis wird voll durchlaufen, es gibt also

Die seltene Sumpf-Siegwurz ist eine Wildgladiole unserer Heimat.

keine »Sperrfarben«, wie das Blau für Tulpen, Lilien, Dahlien und viele andere Gartenblumen. Neben allen Tonarten der einfarbigen Blüten züchtete man auch zweifarbige mit Flecken, Streifen und Zeichnungen. Weiße Flecken auf blauen Blüten bringt die Sorte »Oberbayern« hervor, rote Flecken auf rosa Blüten die Sorte »Cinderella«, um nur zwei Beispiele zu nennen. Die erstgenannte Gladiolensorte gehört zu den kleinblütigen Butterfly- oder Schmetterlings-Gladiolen, die wieder stärker in Mode kamen, die zweite Sorte zählt zur Nanus-Gruppe mit recht niedrigen, aber früh blühenden Pflanzen.

Die verschwenderisch blühenden Gladiolen stellen allerdings Ansprüche. Sie wollen volle Sonne; im Halbschatten können ihre verhältnismäßig schmalen Blätter nicht genügend Nährstoffe zur Fortentwicklung der Knollen bilden. Die Erde soll humos, tiefgründig, dabei nicht tonig schwer, sondern eher sandig leicht, jedenfalls gut durchlässig sein. Die ziemlich flachen, zwiebelförmigen Knollen legt man in milden Lagen ab Ende April, sonst im Mai etwa zehn Zentimeter tief. Je schwerer der Boden, desto dünner sollte die Erdschicht über der Knolle sein. Man wahrt Abstände von fünfzehn und mehr Zentimeter zwischen den Pflanzen. Beginnt man mit frühen Sorten und staffelt das weitere Auspflanzen mittlerer und späterer Sorten bis in den Juni hinein, so kann man sich bis in den Spätherbst am Gladiolenfeuer erwärmen.

Die Farbstärke mancher Gladiolen, etwa der späten feuerroten Sorte »Churchill«, duldet eigentlich keine anderen Blumen in unmittelbarer Nähe. Gladiolen stellt man deshalb gern auf eigene Beete, wo sie ihren Farbwettstreit unter sich austragen. Hier kann man sie ohne Skrupel um reizvolle Gruppierungen für die Vase »ernten«.

Drohen die ersten Nachtfröste, hebt man die Gladiolenknollen behutsam aus der Erde und läßt sie zunächst gut abtrocknen. Danach entfernt man die Reste der unten anhängenden alten Knolle – die Gladiole bildet in jedem Sommer eine neue Hauptknolle –, trennt erst jetzt Stengel und Laub ab und lagert sie wie Dahlienknollen kühl, aber frostfrei, luftig, wenn es sich nicht um Heizkellerluft handelt, im Zweifelsfall mit Sand oder Torf eingedeckt.

Die zwiebelähnliche Hauptknolle der Gladiole darf im Frühjahr nicht zur Vermehrung geteilt werden. Will man den Gladiolenbestand vergrößern, kauft man neue, pflanzfertige Knollen hinzu oder man versucht die Anzucht über Brutknöllchen, die erbsengroß an der Hauptknolle sitzen und im Herbst vorsichtig abzutrennen sind. Man bringt sie im Frühjahr in den Boden und erhält mit etwas Glück im übernächsten Jahr die ersten Blüten. Angesichts dieses langen Anlaufs wird man sich meist für den Kauf weiterer Gladiolenzwiebeln entscheiden, zumal man bei dieser Gelegenheit auch die Sortenzahl vergrößern kann.

Zuchtgladiolen, besonders die großblumigen Hybriden, sind keine Allerweltsblumen, die ohne Pflege jahrelang vor sich hinwachsen. Sie bedürfen unserer Aufmerksamkeit und Pflege; Standort und Boden müssen stimmen, bei trockenem Wetter sollte regelmäßig gegossen werden. Man wird kleinere Gladiolenbestände im Hausgarten frei von Krankheiten und Schädlingen halten können – selbst wenn man ihnen nicht immer Bestbedingungen bietet. So brachten wir Zuchtgladiolen in schwerem Lehmboden über Jahre hinweg zu reicher Blüte, ohne daß wir je mit einer der vielen Gladiolenkrankheiten und Gladiolenschädlingen Bekanntschaft gemacht hätten. Wenn heute gegen die Krankheiten und Schädlinge der Gladiole vorsorgliche Spritzungen mit Gift und Knollenbehandlung mit Chemikalien empfohlen werden, so kann ich mich diesem Rat aus eigener Erfahrung nicht anschließen.

Montbretie (Crocosmia)
Schwertliliengewächs

Auch wenn wir unserer Auswahlgruppe mit der Montbretie ein Übergewicht der Schwertliliengewächse geben, soll sie aufgeführt werden, weil sie zu den dankbarsten »Exoten« in unserem Garten zählt. Ihre lebhaft grünen, schwertförmigen Blätter und die Form der Einzelblüten erinnern an die Gladiole, die Art des Blütenstandes an die Freesie. Beiden Gattungen steht die Montbretie nahe, auch ihre Stammformen wachsen als Wildblumen in Südafrika. Der wissenschaftliche Gattungsname ist eine Wortzusammenziehung, die mit »Krokusduft« übersetzt werden kann. Auch der

Krokus gehört zu den Schwertliliengewächsen, die Blütendüfte beider Gattungen ähneln sich.

Die »gute alte« Gartenmontbretie (Crocosmia crocosmiflora), deren Blütenstände in den Farben Gelbrot und Braun spielen, ist recht jung; sie wurde nämlich erst im Jahre 1882 in Frankreich als Kreuzung zweier afrikanischer Montbretienarten herausgezüchtet. Heute gibt es von dieser Hybride eine Reihe von Varietäten sowie die großblumige Art C. masonorum, die neu aus Südafrika zu uns kam.

Wem Freesien und Gladiolen zu empfindlich sind, der hat mit der Montbretie eine sehr genügsame Verwandte. Sie blüht dank ihrer knospenreichen Blütenstände besonders lang: ab Juni bis zum Winterbeginn. Sie stellt keine hohen Bodenansprüche, gedeiht aber besonders gut in humoser, leicht kalkhaltiger Erde. Ein vollsonniger Standort behagt ihr, doch nimmt sie auch mit Halbschatten vorlieb.

Mit sechzig bis neunzig Zentimeter Höhe ist die Montbretie eine stattliche Pflanze, welche die verhältnismäßig geringe Größe ihrer Blüten durch besonders viele und reich besetzte Blütenstände ausgleicht. Eine einzige dieser einseitswendigen Ähren kann bis zu zwanzig Blüten tragen. Da die Knospen in der Vase aufgehen, ist die Montbretie eine besonders dankbare Schnittblume.

Zwar kann man die Knöllchen der Montbretie nicht als winterhart bezeichnen, aber unter einer Laub- und Reisigschicht überstehen sie in den meisten Gegenden die kalte Jahreszeit im Freiland. Das spart nicht nur Arbeit, man hat so einen frühen Austrieb im nächsten Jahr und kann sich schon im Frühsommer an den Blüten erfreuen. Blätter und Stengel des Vorjahres schneidet man spätestens im Frühling ab.

Natürlich kann man die Montbretienknollen im Herbst aus der Erde nehmen, säubern und wie die der Dahlien oder Gladiolen im Keller überwintern lassen. Ausgepflanzt wird ab April bei schweren Böden in gut zehn, bei leichten in fünfzehn Zentimeter Tiefe. Montbretien wirken vor allem in Gruppen oder Reihen. Man kann sie in Kästen auspflanzen und hat dann einen lange währenden Terrassenschmuck. Für solche Verwendung kommt uns die Fähigkeit der Montbretie entgegen, sowohl in der Sonne als auch im Halbschatten voll zu erblühen.

Die Zwiebelknöllchen der Montbretie kann man nicht teilen, doch läßt sich die Pflanze durch ihre Brutknollen vermehren, die man im Herbst von den Ausläufern abnimmt. Man kann sie schon im März in Kästen oder im Frühbeet vorziehen oder ab April etwa acht Zentimeter tief ins Freiland setzen. Man sollte dann bis Mai eine vor Frost schützende Decke geben.

Beläßt man die Brutknöllchen bei den Mutterpflanzen und nimmt die Zwiebelknollen über Winter nicht ins Haus, so verdichten sich die Montbretienbestände so stark, daß sie wenigstens alle zwei Jahre vereinzelt werden können. Auf diese Weise kommt man zu einer ausreichenden Vermehrung.

Knollenbegonien (Begonia)
Schiefblatt
Begoniengewächs

Bei den Begonien handelt es sich um eine sehr große Gattung, deren rund achthundert bisher bekannte Arten in tropischen Waldgebieten der Alten und der Neuen Welt wachsen. Zunächst unterscheidet man **Blattbegonien** und **Blütenbegonien**, die erstgenannte Gruppe – unübersehbar groß – enthält Zimmer- und Gewächshauspflanzen, die man vor allem ihrer auffallend gestalteten Blätter wegen zieht. Unter den vier Hauptgruppen der Blütenbegonien enthalten nur zwei Arten, die im Freiland gedeihen: die **Semperflorens-** und die **Knollenbegonie**. Das Angebot an Arten und Sorten, Formen und Farben der Begonien läßt sich nur schwer überblicken.

Begonien sind entsprechend ihrer Herkunft sehr kälteempfindlich, aber sie haben für den Gartenfreund einen hoch einzuschätzenden Vorteil, den kaum eine andere, ähnlich reich blühende Gattung bieten kann: Sie gedeihen besonders gut im Schatten. Die allermeisten Gartenblumen wollen in unserem Klima einen möglichst vollsonnigen Platz. Das Angebot an Halbschattenblumen ist schon bedeutend geringer, aber immer noch vielfältig. Dagegen begnügen sich nur wenige Blütenpflanzen des Gartens mit Vollschatten. Die Farbigkeit und Üppigkeit ihrer Blütenentfaltung kann sich im allgemeinen nicht mit der Blütenpracht von »Sonnen-Blumen« messen. Als Waldpflanzen lieben die meisten Begonienarten einen vor Wind möglichst geschützten Platz im Schatten oder Halbschatten auf humosem Untergrund, der stets gut durchfeuchtet sein soll. Alle Extreme, wie große Temperaturschwankungen oder Wechsel zwischen nassen und trockenen Zeiten, sind der Begonie zuwider; das Klima tropischer Urwälder zeichnet sich ja gerade durch gleichmäßige Temperaturen von Tag und Nacht und durch das Fehlen eigentlicher Jahreszeiten aus.

Die Semperflorens-Begonien bilden eine Ausnahme – sie gedeihen auch auf sonnigem Stand. Wie schon ihr Name sagt, blühen die anspruchslosen Begoniensorten dieser Gruppe »immer«, im Freiland natürlich nur vom Frühsommer bis in den Spätherbst. Man kann sie in dieser Eigenschaft mit dem Fleißigen Lieschen vergleichen. Es gibt sie in Weiß, Rosa und Rot, vor allem in fleischfarbenen Tönen. In der etwas fleischig-wäßrigen Beschaffenheit der Laubblätter und ihrer Fähigkeit, eine Beetfläche oder einen Pflanzkasten dicht und blütenreich zu überwuchern, ähneln sie ebenfalls dem Fleißigen Lieschen.

Wie bei den anderen Begonien lohnt es sich nicht, die Pflanzen aus den winzigen Samen zu ziehen, man kauft sie besser pflanzfertig beim Gärtner.

Weiß, Gelb, Rosa, Orange und tiefes Rot bilden die Grundfarben der Knollenbegonien. Dazwischen gibt es reizvolle Übergänge sowie zweifarbig weiß-gelbe oder gelb-rote Blüten, kleine und große, einfache und gefüllte. Da man Knollenbegonien üblicherweise als zweijährige, blühfähige Pflanzen beim Gärtner kauft, kann man sich dort passende Formen und Farben nach Wunsch zusammenstellen.

Begonien sollte man erst dann ins Freiland bringen, wenn keine Fröste mehr zu erwarten sind, also nach den Eisheiligen. Besonders gut eignen sie sich für Töpfe und Kästen, wo immer es am Haus etwas zu schmücken gibt. Die fülligen Pflanzen werden dreißig bis vierzig Zentimeter hoch. Sie können ab Juni bis in den Spätherbst blühen. Zweijährige Pflanzen, die man beim Gärtner im Mai kauft, setzt man gleich ins Freiland. Man läßt die Pflanzen nach der Blüte bis zum ersten leichten Nachtfrost stehen. Dann schneidet man die oberirdischen Teile so über dem Boden ab, daß knapp fingerlange Strünke an den Knollen bleiben. Man überwintert sie wie Dahlien- oder Gladiolenknollen, beginnt aber schon im Februar oder März mit dem »Antreiben«. Dazu legt man die Knollen in Kästen oder

Begonia semperflorens F1-Hybride »Wodka«.

Töpfe mit Blumenerde, aber nur so tief, daß sie gerade noch bedeckt sind, die Strünke ragen über den Topfrand.

Bei gleichmäßiger Bodenfeuchtigkeit und unter Licht beginnen die Knollen bald auszutreiben. Günstige Anfangstemperatur: um zehn Grad, später ansteigend. Als Blumenerde kann man das käufliche Substrat TKS 2 (Torfkultursubstrat) verwenden oder eine eigene Mischung aus völlig ausgereifter schwarzer Komposterde mit etwa einem Drittel Torf herstellen. Besonders ideal ist Laubkompost. Bei dieser waldbodenähnlichen Erde braucht man keinen Torfzusatz. Der beigemischte Torf beeinflußt nicht den Nährstoffgehalt der Erde, sondern sorgt durch seine große Saugfähigkeit für gleichmäßige und anhaltende Durchfeuchtung.

Ab Mitte Mai – je nach Lage früher oder später, jedenfalls nach dem letzten Nachtfrost – bringt man die Pflanzen ins Freiland. Natürlich kann man die Begonienknollen im Herbst gleich in dieselben Kistchen mit Sand oder Torf einlagern, in denen sie im Frühjahr austreiben sollen. Man leitet diesen Vorgang durch Anfeuchten des Materials ein, gegebenenfalls durch Umstellen in einen hellen und etwas wärmeren Raum.

Wer seinen Garten mit Blumen gestaltet hat, freut sich über jede harmonisch eingewachsene, blühende Gewächsgruppe und bringt es vielleicht nur schwer übers grüne Herz, sie fürs Haus und zum Verschenken herauszuschneiden. Dabei beantworten die meisten in den Samenkatalogen als Schnittblumen gekennzeichneten Pflanzen Blumenschnitt mit vermehrtem Nachwachsen und neuer Knospenbildung. Das liegt nicht nur an der solcherart geschaffenen »Luft«, es ist auch biologisch begründet.

Das Sommerziel der Blütenpflanzen heißt, Samen zu bilden. Der Weg dazu führt über die Blüten. In der Natur kommt längst nicht jede Blüte zum Fruchten, viele werden von Weidetieren abgefressen. Darauf sind die Pflanzen eingerichtet. Sie vergrößern deshalb ihre »Anstrengungen« und bringen als Ersatz für erlittene Verluste neue Blüten hervor. Eine ähnliche Wirkung erzielt man, wenn man verwelkende Blüten entfernt und damit die Fruchtbildung unterbindet.

Die Bemühung der Pflanzen, ihr biologisches Ziel zu erreichen, geht so weit, daß einige zweijährige Gartenblumen, die man durch Rückschnitt während oder nach der Blüte keine Samen bilden läßt, zu drei- und mehrjährigen werden, das heißt, sie wiederholen ihren Vermehrungsversuch im folgenden Jahr und blühen wieder. Zudem erfordert die Samenbildung Wuchskraft in Form von Nährstoffen. Wird die Pflanze dieser Aufgabe enthoben, kann sie länger und reicher blühen. Das sieht man besonders deutlich an Dahlienbüschen.

Will man Samen haben, dann genügt es meist, eine einzige, besonders gut entwickelte Pflanze zum Samenträger zu bestimmen. Das hier über Schnittblumen Gesagte trifft für viele lebenskräftige Blütenpflanzen in freier Natur zu. Aber man kann Wildpflanzen durch das Abpflücken ihrer Blüten auch schweren Schaden zufügen. Gerade den selten gewordenen, oft großblütigen Pflanzen ist es meist nicht möglich, solche Verluste auszugleichen, die Vermehrung fällt aus.

Bei großem und ständigem Schnittblumenbedarf – man stellt sich einen Casanova vor, der an jedem Sommerabend frische Blumen braucht – sollte man ein eigenes Beet nur mit Schnittblumen bepflanzen, so wie man es bei Gladiolen handhabt. Der beste Teil unserer Gartenfreuden besteht doch gerade darin, verschenken zu können, was uns der Garten schenkt.

Wann schneidet man Blumen? Wenn man wählen kann und die Zeit nicht verschläft, am frühen Morgen. Man hat dann wirklich taufrische Blüten, die einen heißen Sonnentag im Schatten des Zimmers oft besser überstehen als draußen an der Pflanze. Einige Blumen wie Freesien, Gladiolen und Montbretien soll man für die Vase schneiden, wenn sich die erste Knospe am Blütenstand öffnet. Die anderen erblühen dann nacheinander am geschnittenen Stengel. Bei anderen Blumen, vor allem bei den Korbblütlern, gelingt das nicht; vorzeitig geschnitten bleiben sie in der Knospe stecken. Man wählt deshalb schon geöffnete Blütenstände, achtet aber darauf, noch möglichst unbefruchtete auszusuchen. Die Pflanze wartet dann noch in der Vase auf Bestäuber, das bedeutet, sie hält sich länger als schon befruchtete Blüten.

Wie wird geschnitten? Bessere Schnitte als die quetschende Gartenschere vollbringt ein scharfes Messer. Vor allem hartstengelige Stiele wie die der Rosen soll man mit möglichst langen Schnittflächen abtrennen, weil dann die Wasserversorgung leichter vonstatten geht. Auch ein Neuschnitt nach einigen Tagen trägt dazu bei.

Das Blumenwasser wird täglich erneuert, damit die Fäulnisbakterien nicht überhandnehmen. Man entzieht ihnen Nahrung, wenn man die unteren Stengelblätter soweit abstreift, daß keine mehr im Wasser stehen.

Müssen Schnittblumen eine Reise machen, bevor sie Wasser bekommen, schlägt man sie in angefeuchtetes Papier, das man bei Gelegenheit nachfeuchtet. Die Verdunstungskälte und die feuchte Luft im Innern der Hülle halten die Blumen länger frisch. Haben sie doch gelitten, legt man sie eine Viertelstunde in ein wassergefülltes Handwaschbecken, langstielige Blumen in die Badewanne.

Schließlich halten Schnittblumen länger, wenn man sie locker in die Vase ordnet. Nicht nur Menschen bekommen Platzangst! Daß Schnittblumen in der Vase weiterleben, erkennt man an ihrem fortgesetzten Duften. Bei Tulpen können sogar die Stengel noch in der Vase wachsen!

VII STAUDEN

Als Stauden bezeichnet man im Gartenbau krautartige, mehrjährige, winterharte Pflanzen, deren oberirdische Teile den Winter im allgemeinen nicht überdauern. Es gibt auch einige immergrüne Stauden. Viele Stauden unterscheiden sich in ihrem Aussehen nicht grundsätzlich, sondern nur durch ihre Mehrjährigkeit von den Sommerblumen. Einige von ihnen werden je nach Art und Sorte ein- oder mehrjährig gezogen, zum Beispiel Adonisröschen, Chrysanthemen, Mohn oder Rittersporn. Landläufig stellt man sich Stauden gern als etwas größere Pflanzen als die Sommerblumen vor, doch hat der gartenbauliche Staudenbegriff nichts mit der Pflanzengröße zu tun. Nicht nur Pfingstrosen, Akelei und Eisenhut sind Stauden, sondern auch die Veilchen, Leberblümchen, Primeln, Enziane, Anemonen und Christrosen, um nur einige bekannte Gartenblumen zu nennen. Meist handelt es sich um Gattungen, die unter den heimischen Wildpflanzen vertreten sind, was soviel bedeutet wie »garantiert frosthart«.

In der Gartenplanung bilden Stauden die Haltepunkte der Bepflanzung; um sie herum kreist der schneller wechselnde Sommerflor. Soll die Staudenbepflanzung besonders des größeren Gartens von Anfang an »stehen«, dann bedient man sich der Hilfe eines Fachmanns, das kann ein Gärtner oder ein Landschaftsarchitekt sein. Er holt den Pflanzplan natürlich nicht aus der Schublade, sondern berücksichtigt mit ihm die persönlichen Wünsche und Vorstellungen des Auftraggebers sowie die Eigenart des Grundstücks.

Einige Gesichtspunkte zur Gartengestaltung mit Blumen wurden im ersten Kapitel angeführt. Hier soll noch auf einen Hauptfehler bei der Bepflanzung mit Stauden hingewiesen werden: Man setzt zu viele hohe und mittelhohe Gewächse auf eine Fläche und wechselt zu stark unter verschiedenen Gattungen beziehungsweise Arten. Im ersten Sommer geht das noch hin, aber in den folgenden Jahren, wenn sich die Pflanzen entwickeln und ausbreiten, schließen sich die teilweise kostspieligen Gewächse zu einem unansehnlichen Dickicht zusammen. Die Kunst der Gartengestaltung mit Stauden liegt in der Gliederung und in der Beschränkung.

Pflanzflächen für Stauden sollten zwei Meter Breite nicht überschreiten, damit jede Pflanze zugänglich bleibt. Stattliche Schaustücke von über 120 Zentimeter Höhe kommen im Hausgarten üblicher Ausdehnung nur bei Einzelstellung (Solitärstauden) oder in sehr kleinen Gruppen zur Wirkung. Sie brauchen in ihrer unmittelbaren Umgebung Gewächse, die deutlich niedriger sind.

Den Stauden muß man ein Mindestmaß an Pflege zukommen lassen. Will man große Flächen »pflegeleicht« gestalten, bedient man sich der zahlreichen Bodenbedecker. Wo sich ihre Teppiche ausbreiten, kommen meist keine anderen Pflanzen, also auch keine Unkräuter mehr auf. Allerdings wirken solche Anlagen leicht etwas düster, da es ihnen an frischen Farben mangelt. Blühende Kissen aus Polsterstauden, durch Natursteine oder Stufen gegen die Bodenbedecker abgegrenzt, bringen erwünschte Farbflecke, ohne durch viel Mehrarbeit zu belasten. Schließlich sollte man im Staudengarten jede Gelegenheit nutzen, Sommerflor anzusäen oder auszupflanzen. Er bringt Fröhlichkeit und Leben sogar in den Garteneil, der möglichst wenig Arbeit machen soll.

Heute steht dem Gartenfreund ein wahrhaft riesiges Angebot an Gartenstauden vom wenige Zentimeter hohen Duftveilchen bis zum zwei Meter aufragenden Rittersporn zur Verfügung. Anschaulicher als nur durch Pflanzenkataloge unterrichtet sich der Anfänger in anderen Gärten und in Schaupflanzungen von Gartenbaubetrieben darüber, was für den eigenen Bedarf in Frage kommt. Dabei sind nicht nur Pflanzengestalt, Wuchshöhe, Blütenfarbe, Blühzeit und Bodenansprüche zu berücksichtigen, sondern auch die Lichtbedürfnisse der Stauden. Man unterscheidet deshalb Sonnen-, Halbschatten- und Schattenstauden.

Der Umfang des Buches gestattet es nicht, Artenvorschläge, wie wir sie für den Sommerflor, für die Zweijährigen und die Gartenblumen aus Zwiebeln und Knollen gaben, auf die Stauden auszudehnen. Die Stauden sind nicht nur ein Kapitel, sie sind ein Buch für sich, dem ein Band dieser Reihe gewidmet wird. Hier soll eine Aufstellung – nur eine Vorschlagsliste – für den allgemeinen Überblick genügen.

BLÜHENDE STAUDEN FÜR DEN GARTEN (alphabetisch)

Pflanze	Gattung	Blütemonate	Wuchshöhe in cm
Adonisröschen	Adonis	II bis IV	bis 30
Affodil	Asphodeline	V bis VI	100 bis 120
Akelei	Aquilegia	V bis VII	20 bis 80
Aster	Aster	IX bis X	30 bis 150
Ballonglockenblume	Platycodon	VII bis VIII	40 bis 60
Bartfaden	Penstemon	V bis VI	30 bis 100
Christrose	Helleborus	X bis IV	24 bis 40
Diptam	Diptamnus	V bis VII	60 bis 100
Edeldistel	Eryngium	VI bis VII	50 bis 70
Ehrenpreis (langblättriger)	Veronica	VII bis IX	50 bis 80
Eisenhut	Aconitum	VII bis X	100 bis 150
Elfenblume	Epimedium	IV bis V	20 bis 25
Enzian	Gentiana	V bis XI	10 bis 50
Fingerkraut	Potentilla	V bis VIII	5 bis 50
Funkie	Hosta	VI bis VII	30 bis 60
Gartenchrysantheme	Chrysanthemum	VIII bis XI	80 bis 150
Gelenkblume	Physostegia	VIII bis X	60 bis 90
Gemswurz	Doronicum	IV bis V	30 bis 80
Goldrute	Solidago	VII bis X	120 bis 180
Helmkraut	Scutellaria	VI bis VII	25 bis 35
Herzblume	Dicentra	VI bis X	20 bis 30
Immergrün	Vinca	IV bis V	10 bis 15
Kokardenblume	Gaillardia	VI bis IX	90 bis 120
Kreuzkraut	Ligularia	VII bis VIII	80 bis 100
Lampionblume	Physalis	VIII bis IX	30 bis 50
Lavendel	Lavendula	VII bis VIII	30 bis 60
Leberblümchen	Hepatica	III bis IV	8 bis 10
Lungenkraut	Pulmonaria	IV bis V	30 bis 50

◁ Frühlingsadonisröschen – hier die Wildform.

Rechte Seite, links oben: Pfingstrose P. suffroticosa, rechts oben: Herbstastern, links unten: Pfingstrose P. lactiflora, rechts unten: Rittersporn »Formelmischung« (Pacific Blaupunktsamen).

Pflanze	Gattung	Blütemonate	Wuchshöhe in cm
Maiglöckchen	Convallaria	V	15 bis 20
Mohn (Türkischer)	Papaver	V bis X	10 bis 100
Nieswurz	Helleborus	VI bis VII	15 bis 25
Ochsenzunge	Anchusa	VI bis VIII	100 bis 150
Perlkörbchen	Anaphalis	VII bis VIII	20 bis 40
Pfingstrose	Päonia	V bis VI	30 bis 100
Phlox	Phlox	V bis X	70 bis 120
Prachtnelke	Dianthus	VII bis VIII	40 bis 60
Prachtspiere	Astilbe	VI bis IX	15 bis 100
Primel	Primula	III bis IV	10 bis 70
Rittersporn	Delphinium	VI bis VIII	120 bis 200
Salbei	Salvia	VI bis X	40 bis 90
Schleifenblume	Iberis	IV bis VI	10 bis 25
Schwertlilie	Iris	V bis VI	30 bis 100
Sonnenauge	Heliopsis	VII bis IX	120 bis 130
Sonnenhut	Rudbeckia	VII bis X	60 bis 200
Staudensonnenblume	Helianthus	IX bis X	120 bis 160
Steppenkerze (Lilienschweif)	Eremurus	VI bis VII	150 bis 250
Stockrose (Malve)	Althaea	VII bis X	150 bis 200
Taglilie	Hemerocallis	V bis VIII	50 bis 120
Tränendes Herz	Dicentra	IV bis VI	50 bis 80
Trollblume	Trollius	V bis VII	30 bis 100
Veilchen	Viola	III bis IV	5 bis 15
Waldgeißbart	Aruncus	VI bis VIII	120 bis 200
Waldmeister	Asperula	V bis VI	15
Widerstoß	Limonium	VII bis IX	50 bis 60
Wildalpenveilchen	Cyclamen	II bis IV	10 bis 15
Zierrhabarber	Rheum	VI bis VII	180 bis 220
Ziest (Großblütiger)	Stachys	VII bis VIII	50 bis 60

Steppenkerze
oder Lilienschweif

Die Steppenkerze
blüht von unten
nach oben auf

Tränendes Herz

Bei Erstbepflanzung wendet man alle Mühe für die Vorbereitung des Bodens auf. Das ist vorweggenommene Staudenpflege, Voraussetzung für gesunde Pflanzen. Frische Aufschüttungen bekommen eine wenigstens dreißig Zentimeter starke Schicht aus Mutterboden. Je nach Herkunft und Sorgfalt der Behandlung wird er unterschiedliche Qualität aufweisen; das heißt schwarz und humos oder mit viel mineralischem Unterboden vermischt, eher braun und wenig belebt sein. Schlimmstenfalls kann diese Erde noch gar keine Gartenbepflanzung tragen und muß erst durch eine Gelbsenfsaat oder eine andere Gründüngung harmonisiert und belebt werden. Hierzu verweisen wir auf die Ausführungen in Band 1 dieser Reihe.

Frischen Wiesenumbruch macht man durch das Einarbeiten von reifer Komposterde pflanzfertig. Stark verdichteter Boden muß möglicherweise umgegraben werden, wobei man die natürliche Erdschichtung nicht durcheinanderwirft, sondern beibehält. Je unbelebter der zu kultivierende Boden ist, desto nötiger braucht er eine starke Gabe wirklich voll ausgereifter Komposterde. Das Bodenleben muß zu Vermehrung und Tätigkeit angeregt werden. Füttert man es mit Komposterde oder mit organischen Handelsdüngern, so kann es sich nach und nach entwickeln und den Boden von oben nach unten zur Gare bringen. Auch leichte Sandböden, auf denen »nichts wächst«, und bindige, lettige Tonböden, die sich jeder mechanischen Bearbeitung widersetzen, können mit Hilfe einer umfangreichen Komposterde-Erzeugung im Laufe weniger Jahre zu fruchtbarer Gartenerde umgewandelt werden.

Die Bepflanzung mit Stauden bildet einen guten Übergang der Bodenverbesserung. Stauden sind Pflanzen unseres Klimas, man verlangt ihnen weniger Leistung ab als den Kulturpflanzen des Nutzgartens, sie stellen deshalb geringere Ansprüche und zeigen sich widerstandsfähiger gegen Schädlings- und Krankheitsbefall als die nicht winterharten Züchtungen, deren Stammformen aus wärmeren Ländern kommen. So nimmt der Staudengarten oder das Staudenbeet eine Übergangsstellung zwischen der natürlichen Pflanzendecke unserer Breiten einerseits und dem auf hohe Erträge angelegten Nutzgarten mit seinen auf Leistung gezüchteten, stark pflegebedürftigen Kultursorten andererseits ein.

Dankbare Stauden im Hausgarten. Links oben: Margarite, rechts oben: Alant, rechts unten: Astilbe.

Boden, der schon als Garten bebaut wurde, lockert man oberflächlich mit einem Kultivator und arbeitet dabei Komposterde ein. Eine zwei bis vier Zentimeter starke Schicht enthebt uns weiterer Düngung für ein ganzes Jahr. Für die Kompostdüngung sollte man sich möglichst auf den Herbst oder das Frühjahr einpendeln, weil dann ohnehin Arbeiten in den Staudenbeeten anfallen und weil die Pflanzen in dieser Zeit beginnender oder auslaufender Winterruhe am wenigsten gestört werden.

Das allgemein empfohlene Umgraben des Bodens auf die Tiefe zweier Spatenstiche bedeutet Schwerstarbeit, der kein dauernder Erfolg beschieden ist, wenn die Bodengare nicht auf biologischem Wege erreicht wird. Bei ungünstigen Bodenverhältnissen üben wir uns deshalb in Geduld und verwenden Zeit und Kraft nutzbringender, wenn wir eine Kompostmiete für den Staudengarten anlegen. Damit werden wir in einem Jahr eine viel nachhaltigere Verbesserung des Bodens einleiten, als wenn wir ihn jetzt zwei Spaten tief umackern.

Für zu schwere, tonige Böden mischt man in das Kompostgut regelmäßig einige Schaufeln Sand ein, die den Untergrund nach und nach durchlässiger machen. Auch hier würde es wenig helfen, große Mengen Sand unmittelbar in den schweren Lehm oder Ton bringen zu wollen. Der Boden muß solche Umstellungen verdauen, man kann ihm nicht zumuten, von heute auf morgen leicht und lokker zu werden.

Man liest in sonst recht guten Gartenbüchern, daß man die Erde eines »ermüdeten« Staudengartens einfach auswechseln soll; das heißt: Der abgelegte Boden wird auf einen LKW gebaggert und durch neue Anfuhr ersetzt. Ex und hopp – dieser Grundsatz einer überholten Verbrauchereinstellung paßt am allerwenigsten in den Garten. Ist ein Staudenbeet nach fünf Jahren Gartendienst erschöpft, dann hat man Mißwirtschaft getrieben.

Es sollte gerade umgekehrt sein: Der Gartenboden müßte mit jedem Jahr der Bewirtschaftung besser werden. Ein Stoffkreislauf über die Kompoststufe ermöglicht solche sich selbst erhaltende und steigernde Dauerfruchtbarkeit. Der wahre Gartenfreund lebt mit seinem Boden und steht mit ihm auf gutem Fuß. Nur wer seinem Garten beziehungslos gegenübersteht, wird es übers Herz bringen, Mutterboden fortschaffen zu lassen wie Müll. Erde ist, selbst wenn man sie in beliebigen Mengen kaufen kann, kein Verbrauchsartikel, sondern die bleibende Grundlage unserer Mühen und Freuden im Garten.

Stauden pflanzt man am besten, wenn sie ihrem jahreszeitlichen Rhythmus entsprechend ruhen, also im Herbst oder im Frühling. Die Lebenskräfte der Pflanze haben sich dann in ihren Wurzelstock zurückgezogen, sie kann sich mit neuem Austrieb in der neuen Umgebung einnisten. Pflanzt man mit Wurzelballen aus Töpfen, oder hat man Stauden, die im Container angeliefert wurden, so kann man sie zu jeder Jahreszeit ins Freiland setzen, weil die Wurzeln zunächst in ihrem Erdreich bleiben. Trotzdem wird man das Pflanzen größerer Stauden nach Möglichkeit nicht in den Sommer legen, weil damit das Grünen und Blühen auch anderer Pflanzen gestört würde. Gerade der Staudengarten bildet im Sommer eine eingewachsene Pflanzengemeinschaft, in die man nicht ohne Notwendigkeit eingreifen sollte.

Bei einer Erstbepflanzung beginnt man stets mit den größten Stauden, legt sie an ihre Plätze und pflanzt sie ein. Windstiller und bedeckter Himmel sind dieser Arbeit förderlich. Der Unerfahrene glaubt vielleicht, daß die Pflanzen für gutes Anwachsen möglichst lange Wurzeln haben müssen. Doch das Gegenteil ist der Fall. Man schneidet die Wurzeln allseitig zurück, bei langem Wurzelgut kräftig, bei kürzerem kappt man nur die äußeren Spitzen. Damit erleichtert man es der Pflanze, den für ihre Ernährung, also für das Weiterleben nötigen Wurzelaustrieb zu bilden. Anders als die grünen oberirdischen Teile der Pflanze, ist die Wurzel nur jeweils an ihren haarfeinen Spitzen aktiv. Deshalb müssen Wurzeln auf der Suche nach Nahrung ständig wachsen, sie durchdringen das Erdreich mit immer sich erneuernden Haarwurzeln. So webt die Wurzel ein Netz, das sich mit jedem Jahr weiter verdichtet.

Je nach Pflanzengröße arbeitet man mit Setzholz, Pflanzspaten oder, was meist am besten geht, mit den Händen. Mit oder ohne Gerät drückt man die Erde seitlich an die Pflanze, achtet darauf, daß keine grünen Teile begraben werden, und daß der Wurzelhals nicht in der Luft steht. Zuletzt drückt man eine Gießmulde in die Oberfläche und gießt ohne Brause durchdringend an.

Im ersten Sommer wirken frisch angepflanzte Stauden meist etwas dürftig. Bei richtigen Pflanzenabständen ergeben sich vorläufige Lücken, die man nicht mit mehr Stauden, sondern mit Sommerflor füllt. Das nächste Jahr läßt die Stauden ihren Platz schon besser behaupten, im übernächsten beginnt die Sorge, wie man den wuchernden Gewächsen Grenzen setzt. Im fünften und sechsten Jahr schließlich sollten viele Stauden durch Teilung verjüngt werden.

Die oft beschworene und schon erwähnte Bodenmüdigkeit im Staudengarten hat man bei regelmäßig betriebener Kompostwirtschaft nicht zu fürchten. In freier Natur wachsen Stauden, Büsche und Bäume Jahre und Jahrzehnte am selben Standort. Statt vor »Müdigkeit« umzufallen, erfüllen sie das ihnen mögliche Lebensalter, ohne vorzeitig unansehnlich zu werden. Wäre es anders, hätten wir auf der Erde eine großenteils unansehnliche Pflanzendecke. Im Garten können nicht nur Büsche, sondern auch Stauden jahrelang am selben Platz gedeihen. Da wir aber auf unseren Beeten und Rabatten keinen Wettbewerb wollen, bei dem letztlich die stärksten Pflanzen oder die dem Boden am besten angepaßten das Feld allein behaupten und die schwächeren verdrängen, müssen wir verjüngend, zurückdrängend, fördernd und gestaltend einwirken. Dabei sollte man sich hüten, nur aus stark entwickelter Ordnungsliebe oder Betätigungsdrang einzugreifen. Was gut gedeiht, reich blüht und keine Nachbarn bedroht, sollten wir in seiner Entfaltung nicht stören. Eine förmliche Regel besagt, daß Stauden nach fünf Jahren geteilt und umgesetzt werden müssen. Sie müssen nicht, sie können, wenn wir die Notwendigkeit für einen Eingriff erkennen.

Ich erinnere mich gut an zwei Stauden im Garten meiner Kindheit. Ein Pfingstrosenbusch schmückte den Garteneingang zur Rechten, ein Türkischer Mohn zur Linken. Beide Stauden hatten sich im Laufe vieler Jahre prächtig entwickelt und behaupteten ihren Platz so selbstverständlich wie Bäume. In jedem Jahr kamen sie zu voller Blüte und niemand wäre auf die Idee gekommen, diesem vertrauten Mobiliar unseres Gartens mit dem Spaten auf den Leib zu rücken, um die Wurzelstöcke zu teilen oder umzusetzen. Die Kunst des Gärtnerns bewegt und bewährt sich zwischen Wollen und Gewährenlassen, zwischen tätiger Gestaltung und einem achtungsvollen Zurücktreten vor dem, was die Natur nach ihrem Maß vollbringt.

Staudenteilung verjüngt die Pflanzen und schafft die Möglichkeit ihrer Vermehrung. Allerdings bekommt diese Kur nicht allen Stauden gleich gut. Die schon erwähnten Pfingstrosen, die Kaiserkronen, die Tränenden Herzen, die Christrosen und andere läßt man möglichst ungestört. Sie müssen im allgemeinen nicht zurückgedrängt werden.

Zum Teilen wird der Wurzelstock einer Staude vorsichtig aus der Erde gelöst, die längsten Wurzeln kürzt man ein und teilt den eigentlichen Wurzelstock mit Messer oder Spaten, gegebenenfalls nur durch Auseinanderbrechen so, daß jedes Teilstück, aus dem eine neue Pflanze hervorgehen soll, Triebknospen oder Augen hat. Man kann die Teilstücke im Keller aufbewahren wie Dahlienknollen, um sie im Frühjahr dort auszupflanzen, wo man sie haben will. Einfacher ist es, das Teilen und Pflanzen nicht zeitlich zu trennen, sondern in einem Arbeitsgang – sei es Frühjahr oder Herbst – durchzuführen. Zum besseren Anwachsen mischt man der Pflanzerde eine zusätzliche Kompostgabe bei.

Stauden sind im allgemeinen keine Starkzehrer wie manche Gemüsepflanzen, sondern Mittel- und Schwachzehrer wie die meisten anderen Gartenblumen. Wildstauden, besonders die des Steinbeets, brauchen sehr wenig oder gar keine Düngung. Für das richtige Maß muß man zwischen einer Erhaltungsdüngung und einer Düngung zur Bodenverbesserung unterscheiden. Die erstgenannte kann bei gutem Gartenboden recht gering sein, zumal, wenn es sich um kleine und mittlere Stauden oder um Wildstauden handelt. Sie bilden während eines Jahres nicht viel Pflanzenmasse und brauchen deshalb nur wenig Nahrung. Anders bei der Bodenverbesserung: Hier muß von oben nach unten eine Humusschicht aufgebaut werden, die über Jahre hinweg die Zufuhr von Komposterde über die Erhaltungsdüngung hinaus erforderlich macht. Das Teilen und Umsetzen von Stauden im Herbst oder Frühling ist eine gute Gelegenheit, sich ein Bild über den Zustand des Bodens zu machen.

Staudenpflege während des Jahres bedeutet: Hacken, Jäten, Gießen und Mulchen. Der Arbeitsaufwand im Staudengarten oder im Staudenbeet ist im Sommer nach der Erstpflanzung am größten. Der für die Stauden vorbereitete Boden wird noch nicht flächendeckend von ihnen eingenommen, er stellt eine Einladung an viele Unkräuter dar. Wie im Nutzgarten kann man sich jetzt zwischen regelmäßiger Oberflächenpflege der offenen Erde durch Hacken, Jäten und Gießen oder für das Mulchen entscheiden. Ausführlicher wurde der Zusammenhang dieser Arbeiten in Band 1 beschrieben, wir können uns hier auf knappere Hinweise beschränken.

Als mehrjährige Pflanzen entwickeln Stauden nicht nur ein dichtes, sondern auch ein weitreichendes Wurzelgeflecht. Jedes Hacken, mit dem man die Unkräuter trifft, schädigt die Wurzelsysteme der Stauden. Man sollte deshalb bestrebt sein, offenen Boden – nicht nur im Staudengarten – so schnell wie möglich zu bedecken. Die schönste Bedeckung sind schnellwachsende Sommerblumen, doch finden sie im allgemeinen nur in den Zwischenräumen der mittelhohen und großen Stauden Platz. Viele Stauden pflanzt man ja gerade als Bodenbedecker, hier geht es also nur darum, die Zeit bis zu ihrer Ausbreitung zu überbrücken.

Wer den Eindruck ständig gehackten und gejäteten Bodens geben will, aber eine Mulchschicht mit Grasschnitt oder zerkleinerten Gartenabfällen aus Schönheitsgründen scheut, kann mit Torf mulchen. Kräftige Unkräuter werden die Schicht je nach deren Stärke früher oder später durchdringen.

Ein gut eingewachsener Staudengarten muß bei nicht zu leichtem Boden nur bei längerer Trockenheit gegossen werden. Natürlich gibt es Stauden mit höherem und niedrigerem Wasserbedarf. Solche, die man in oder an das Sumpfbeet pflanzt, brauchen selbstverständlich regelmäßige und reichliche Wässerung, sofern sie nicht durch die Anlage des Sumpfbeetes selbst gegeben ist. Regelmäßig gießen muß man im Staudenbeet in den ersten Wochen und Monaten nach seiner Bepflanzung.

Blüten als Schnittblumen werden nach Bedarf geschnitten, dabei schont man die grünen Blätter so weit wie möglich. Je nach Blühzeit ziehen die Stauden schon im Spätsommer, im Laufe des Herbstes oder erst mit den ersten Nachtfrösten ein. Einziehen heißt: Das Laub vergilbt, vertrocknet und legt sich auf den Boden. Nach einer allgemeinen Regel schneidet man es dann ab und bringt es auf den Kompost. So kommen die abgestorbenen Pflanzenteile wieder dem Gartenboden zugute, was dem Lauf der Dinge in freier Natur entspricht. Dort verrotten die Blätter und Stengel an Ort und Stelle. Mit dem Austrieb des ersten Grüns im nächsten Frühjahr ist oft schon nicht mehr viel von ihnen zu sehen.

Je nach Anlage des Gartens und persönlichem Empfinden kann man diesen kurzgeschlossenen Kreislauf des Wachsens und Vergehens bei den Stauden gleichsam naturnah ablaufen lassen. Allzu aufgeräumte Staudenbeete können im Herbst und zum Winteranfang einen etwas künstlichen, gewollten Eindruck machen. Viele Stauden zeigen im Herbst hübsche Laubfarben in gelben, rostbraunen und roten Tönen, und was dann den Boden bedeckt, bildet als natürliche Mulchschicht eine im biologischen Sinne willkommene Winterdecke mit Frostschutz.

Es empfiehlt sich ohnehin, Staudenbeete zum Winteranfang mit Laubstreu dünn einzudecken und durch darübergelegte Fichtenreiser zu schützen. Schneidet man nun erst die Stauden fein säuberlich über dem Boden ab und trägt Stengel und Blätter auf den Kompost, so sieht man sich wenig später Laub herbeitragen, um es auf die gesäuberten Beete zu schütten. Es liegt auf der Hand, daß man hier einfacher verfahren kann, jedenfalls nach eigenem Gutdünken.

VIII ABSCHIED MIT ROSEN

Mit Bedacht wählten wir für unser Buch den Titelbegriff »Blumengarten«. Das Thema erlaubt uns die Beschränkung auf ein- und mehrjährige Gartenblumen. Im Ziergarten gibt es noch die umfangreiche Gruppe der Gräser, auch sie Blütenpflanzen, aber Windbestäuber, und die der Farne, die nicht zu den Blütenpflanzen zählen. Diese dem fortgeschrittenen Freizeitgärtner für die Gartengestaltung unentbehrlichen Pflanzen stellen keine höheren, sondern durchweg geringere Ansprüche als die Gartenblumen. Sie können deshalb dem weniger Erfahrenen empfohlen werden, soweit es Größe und Gliederung des Gartens erlauben. Staudengräser bilden mit ihren Halmen, ihren Blüten- und Samenständen reizvolle Gegensätze zu den Blumenstauden im Garten und sie lassen sich oft für Trockensträuße verwenden. Sie »laufen mit«, wo immer man sie haben möchte.

Farne gedeihen überwiegend im Schatten und auf Waldboden. Man kann sich Farnpflanzen nicht geschützter Arten aus dem Wald holen, greift aber besser auf das Angebot gartengeeigneter Staudenfarne des Fachhandels zurück. Man versetzt den Boden, auf dem sie stehen sollen, je nach Beschaffenheit mit etwas Walderde, Laubkompost, Torfmull oder Sand. Farne meiden Kalk und entnehmen dem Boden nur wenig Nährstoffe.

Schließlich mußten wir unser Blumenthema gegen drei Sonderformen des Blumengartens abgrenzen: Steingarten, Sumpfbeet und Teich oder andere Spielarten des Wassergartens. Sie bleiben einem anderen Band dieser Reihe vorbehalten.

Dieser Hinweis gilt auch für die Rosen. Die Rose zählt zwar im botanischen Sinne zu den Gehölzen, gilt aber als die Königin der Gartenblumen. Rosen bilden eine Welt für sich, nicht umsonst kann die Rosenzucht zum lebensfüllenden Steckenpferd werden. Sie sollen in einem eigenen Band unserer Reihe ausführlich behandelt werden.

Man teilt das Königreich der Rosen in acht Klassen ein:

I **Teehybriden**, Edelrosen mit den kostbarsten und erlesensten Blüten, stets gefüllt, bis zu vierzig Blütenblätter, einige Sorten können auch auf Hochstämme veredelt werden,

Federborstengras
Penisetum villosum

Waldfarn als
Gartenschmuck

Links oben: Heckenrosenblüte, rechts oben: Heckenrosenfrüchte (Hagebutten oder Rosenäpfel – schmackhaft und vitamin-C-reich, rechts unten: Kletterrose an der Hauswand.

II **Floribundarosen**, ein stolzes Zuchtergebnis neuerer Zeit, das die edlen Blüten der Teehybriden mit der vielverzweigten Wuchsform der Polyantharosen vereint,

III **Polyantharosen** und **Polyanthahybriden**, klein-, aber vielblütige Rosenbüsche,

IV **Miniatur-** oder **Zwergrosen** mit überaus reizvollen Sorten, duftend, zweifarbig oder kletternd,

V **Wildrosen**, naturnah erhaltene sogenannte botanische Rosen wie die bei uns wildwachsende Heckenrose,

VI **Parkrosen**, Rosenstauden verschiedener Herkunft, durchweg winterhart und unempfindlich, duftend und fruchttragend (Hagebutten),

VII **dauerblühende Strauchrosen**, kleinere und größere Rosensträucher in verschiedenen Blühfarben,

VIII **Kletterrosen** für Rankgerüste, Lauben und Pergolen, einmal oder durchlaufend bis in den Herbst blühend, in vielen Farben, frosthart, zurückhaltend oder wuchsfreudig.

Rosen können, je nach gewählter Art und Sorte, fast keine oder ziemlich viel Arbeit machen, zum Beispiel Einwintern, Pflegeschnitt, Okulieren. Der wahre Rosenfreund schenkt seinen Lieblingen viel Zuwendung. Anspruchsvolle Rosen erfordern Fingerspitzengefühl und Sachkenntnis, aber nichts, was man nicht ohne weiteres lernen könnte.

So wünsche ich Ihnen, lieber Leser, am Ende unseres Rundgangs, daß sich die Freude an Ihrem Garten jährlich mit den Blumen in ihm erneuert!

LITERATURVERZEICHNIS

Arbeitsgruppe für biologischen Land- und Gartenbau
CH-2076 Gals – BE
und Forschungsinstitut für biologischen Landbau
Bernhardsberg
Oberwil / BL
Wegleitung zum biologischen Gartenbau
(Broschüre) 1978

Aloys Bernatzky
Der Gartenratgeber
Mosaik Verlag München

Blumen & Garten
Orbis-Verlag Hamburg 1975

Greet Buchner
Gesundheit fängt im eigenen Garten an
Bircher-Benner-Verlag Bad Homburg – Erlenbach Zürich

Das große illustrierte Pflanzenbuch
Bertelsmann Lexikon-Verlag Gütersloh, 1975

garten organisch
Zeitschrift für ein naturgemäßes Gärtnern
Volkswirtschaftlicher Verlag GmbH
Postfach 1120, 8960 Kempten (Allgäu)

Oswald Hitschfeld
Dauerfruchtbarkeit und Gesundheit im Land- und Gartenbau
Verlag Welt und Wissen, Büdingen-Gettenbach, 1960

Oswald Hitschfeld
Naturgemäße Schädlingsabwehr
Heinrich Schwab Verlag, Schopfheim, 1976

Mario Howard
Naturgemäßer Gartenbau
Desertina Verlag, Disentis, 1978

Horst Koehler
Das praktische Gartenbuch
Bertelsmann Ratgeber-Verlag, München, 1972

Karl-Heinz Mücke
Der Intensivgarten
Südwestverlag München, 1970

Ehrenfried Pfeiffer / Erika Riese
Der erfreuliche Pflanzgarten
Anleitung zur Gartenpflege nach der biologisch-dynamischen Wirtschaftsweise
Rudolf Geering-Verlag Goetheanum
Dornach/Schweiz, 7. Aufl., 1974

Erika von Scanzoni
Stauden
Wilhelm Goldmann Verlag, 1970

Alwin Seifert
Gärtnern, Ackern – ohne Gift
Biederstein-Verlag, München, 1976

Otto Schmid / Silvia Henggeler
Biologischer Pflanzenschutz im Garten
Verlag Wirz, Aarau, 1979

Margot Schubert
Im Garten zu Hause
BLV Verlagsgesellschaft, München, 10. Aufl., 1976

Gunter Steinbach
Das Schöpfungskarussell
Kreisläufe erhalten das Leben
Meyster Verlag Wien und München, 1979

Clelia Vernazza
Biologisch gärtnern
Hallwag Taschenbuch 144
Hallwag Verlag Bern + Stuttgart, 1979

Maria Thun und Matthias K. Thun
Aussaattage
(jährlich neu)
Verlag Aussaattage
3560 Biedenkopf, Postfach 1446

BEZUGSQUELLEN FÜR BIOLOGISCHEN GARTENBAU

Bio-Gartenmarkt Keller
Konradstr. 17
7800 Freiburg
(Alles für den Garten)

Blauetikett-Bornträger GmbH
6521 Offstein
(Pflanzenliste anfordern für Kräuter und Blumen)

Ernst-Otto Cohrs
Lebensfördernde Pflegemittel für Boden, Pflanze und Tier
Postfach 1165
2130 Rothenburg (Wümme)
(Preisliste für Gartenbau und Kleingarten anfordern)

Heinrich Geisel
Biologische Dünge- und Bodenverbesserungsmittel
Ludwigstr. 70
8510 Fürth/Bayern
(Preisliste anfordern)

Kompost-Service
Aichelbergstr. 16
7302 Ostfildern 4
(Kompost-Häcksler, Mücke-Komposter u. a.)

Otto Hinsberg Nackenheim
Gesellschaft für naturgemäße Landkultur m.b.H.
Postfach 106
6800 Mannheim 24
(Preisliste für Garten- und Landbau anfordern)

Rolf Mücke
Brandtstr. 10
8050 Freising
(Komposttonnen System Mücke)

Thomas Pfau, Ing.
Jochstr. 27
CH-8116 Würenlos/Schweiz
(Grünzeug-Schneidemaschine, Schneckenzaun u. a.)

Register

Gunter Steinbach
Der Obst Garten
BESSER BIOLOGISCH GÄRTNERN